Montage maquette : Agathe Farnault

2013 éditions Milan – 300, rue Léon-Joulin, 31101 Toulouse Cedex 9, France

Loi 49.956 du 16 juillet 1949 sur les publications destinées à la jeunesse.
ISBN : 978-2-7459-6020-7 – Dépôt légal : septembre 2013 – Imprimé en Espagne

LE GUIDE ANTISTRESS DE LA VIE AU COLLÈGE

Les réponses à 99 questions d'élèves
qui ne se laisseront pas embrouiller
par du blabla.

MILAN

Sommaire

CHAPITRE UN

Page 7

Votre entrée en 6e

- Une épreuve redoutable ?

CHAPITRE DEUX

Page 41

Votre nouvelle vie de classe

- Ce qui change au collège
- Soyez au top du meilleur de vous-même
- Petits stress et angoisses possibles

CHAPITRE TROIS

Page 87

Au moment de l'interclasse

- Y a pas que les cours
- Le meilleur comme le pire

CHAPITRE QUATRE

Page 113

Et après la classe ?

- Une fois rentré à la maison, au boulot !

CHAPITRE CINQ

Page 127

Élèves de 3e et profs : étude à la loupe

- Mais de quoi sont-ils faits ?!

Introduction

Par chance, vous avez peut-être échappé à la varicelle et aux poux ; mais, en ce qui concerne la vie au collège, ça non, vous n'y couperez pas.

Indispensables et inédites

De nombreuses rubriques parlent de préoccupations toujours jugées sans importance par les profs ou les parents. Il s'agit pourtant de sujets IN-CON-TOUR-NABLES pour tout élève ! La preuve avec le premier d'entre eux : *Comment vous habillerez-vous le jour de la rentrée ?* Pour y penser dès maintenant, rendez-vous page 8 !

Vous hésitez entre vous réjouir carrément ou vous désespérer tout à fait ? Sautez de joie ! Vous n'alliez pas moisir à l'école primaire jusqu'à la retraite !... Il reste que votre entourage vous prédit le pire comme le meilleur, et la visite du collège n'est pas venue à bout des inquiétudes qui vous turlupinent... Quelque part, ça tombe bien : ce livre fait le point sur vos questions et sur les idées toutes faites dont on vous a bourré le crâne. Sont-elles vraies ? Ont-elles été exagérées pour vous faire pétocher ? Les a-t-on embellies pour vous cacher des perspectives peu réjouissantes ? ***Le Guide antistress de la vie au collège*** vous répond en direct, dit toute la vérité, rien que la vérité, et jure qu'il ne vous racontera pas de salades.

• Ils vont bientôt entrer en 6e et ils vous accompagneront tout au long de ce guide •

• Une épreuve redoutable ? •

Le collège, c'est tellement grand qu'il paraît qu'on se perd dans les couloirs. Du coup, on est en retard en cours. Comment faut faire ?

On en parle page 24.

Est-ce que mon meilleur pote sera dans ma classe ?

Aïe, ce n'est pas gagné...

Voyez page 27.

Ma mère n'arrête pas de me prendre la tête avec l'entrée en 6e. Que je vais devoir travailler beaucoup plus... Que ça va me faire tout bizarre tellement je vais en baver... Et que ceci, et que cela... Ça va être l'enfer ou quoi ?

Panique chez les parents...

Allez voir page 28.

En 6e, on est les plus jeunes du collège (les plus petits, quoi). Les 3e se moquent de nous et nous traitent de minus. En plus, il ne faut pas leur répondre, car ils sont capables de nous casser la gu... figure. C'est le frère d'un copain qui l'a dit. Vrai ou pas ? :-(

Ouh la la, il est temps d'en parler...

Rendez-vous page 32.

• Comment vous habillerez-vous le jour de la rentrée ? •

Le jour de la rentrée, on s'observe, on repère les nouvelles têtes, on évalue les looks, et on se permet des critiques en tout genre. Ça inclut qu'on est soi-même examiné, analysé et étiqueté...

Une priorité s'impose : **soigner son allure**. Les portraits que voici, associés à quelques conseils, vous aideront peut-être, même si le style reste une affaire très personnelle.

Une bonne idée ?
Faites une photo-souvenir du jour de la rentrée. Plus tard, vous les mettrez toutes côte à côte, de la 6e à la terminale... Ce sera très drôle !

LE STYLE QUI IMPRESSIONNE

Juliette a un tempérament de feu et veut imposer son statut de leader, là, tout de suite, maintenant. En un mot, elle tient à se faire remarquer! Afin d'impressionner ceux qui ne la connaissent pas encore, Juliette a opté pour un *total look* élaboré à partir des *best of** de sa garde-robe. Peu de risques de passer inaperçue...

Notre conseil :
Si vous choisissez ce style, modérez les effets, car, à moins d'avoir la garde-robe de la reine d'Angleterre, vous aurez du mal à vous renouveler les jours suivants... Et puis : **un peu de sobriété = plus de classe!**

* Les *best of* : les meilleures pièces.

LA TENDANCE COOL MAIS BRANCHÉE

Pénélope et Gauthier incarnent vraiment le *college style*. On dirait qu'ils ont mis deux secondes à s'habiller, mais ne vous y trompez pas : les détails sont soignés et ils assurent un look branché. Notez bien la barrette de Pénélope, qui rehausse son style et fera le buzz à la récré, c'est sûr. Attention, Gauthier devra absolument enlever son bonnet en classe. Il lui faudra alors gérer sa coupe de cheveux…

Notre conseil :
Choisissez des vêtements qui vous vont comme une seconde peau, dans lesquels vous vous sentez bien. C'est hyperimportant. Ajoutez un ou deux accessoires originaux, ce sera la marque de votre personnalité.

LE NO LOOK*

Antoine s'est couché en se disant qu'il trouverait bien dix minutes le lendemain matin pour décider de sa tenue de rentrée.
Hélas, son réveil n'a pas sonné et il a dû s'habiller en catastrophe avec ce qui lui tombait sous la main. En plus, son tee-shirt préféré était au linge sale…
En fait, Antoine ne calcule jamais vraiment son style.
Ce n'est sûrement pas lui qui se fera remarquer en premier.

Remarque :
L'ensemble jean/tee-shirt/baskets est vraiment la tenue pratique du collégien, presque l'uniforme en vigueur ! Au moins, vous serez sûr de ne pas faire de fautes de goût.

* Le *no look* : l'absence de style… qui finalement est un style !

LA TENTATIVE SUNSET BEACH*

Selon Vanessa, la rentrée est le moment idéal pour montrer son bronzage de l'été. Son argument : « Vite vite, avant le retour du temps pourri et des doudounes ! » Aïe, il y a danger ! Au collège, on interdit les hauts trop courts, trop décolletés, trop transparents, les shorts ou les jupes au ras des fesses. Limite aussi : les lunettes « mouche » qui cachent la moitié du visage.

Remarque :
Ces règles ne sont pas spécifiques au collège. Vos parents ne vont pas au travail en maillot de bain et vous ne jouez pas au tennis en tongs... Question de fonctionnalité et d'à-propos.

* *Sunset beach* : coucher de soleil sur la plage. Au fait, quel rapport avec le collège ?

LA BRAND NEW* ATTITUDE

Nouvelle rentrée, nouveaux cahiers, nouveaux crayons et... nouveaux habits, ça va de soi ! Pour Nikki c'est comme ça chaque année, et ça lui réussit plutôt bien ! Parfois, il s'agit d'une tradition familiale : à la rentrée, on change tout ! On démarre l'année sur de nouvelles bases et on a envie d'être impeccable. On en profite pour changer de style, c'est l'occasion. Un grand coup de frais qui balaie les vieilles habitudes, quoi !

Notre conseil :
Attention aux chaussures neuves qui font des ampoules. Ce serait dommage de démarrer le premier jour en boitant...

* *Brand new* : tout neuf, jamais porté.

Serez-vous prêt à coup sûr ?

En classe de CM2, votre maître ou votre maîtresse vous présage le pire, et ça donne à peu près ça :

"Par pitié, soyez autonomes ! En 6e, personne ne sera derrière vous !"

"Vous n'avez pas fait vos devoirs ?! Quelle panique ça va être, la 6e..."

"Si vous vous comportez comme ça au collège, ça va très mal se passer !"

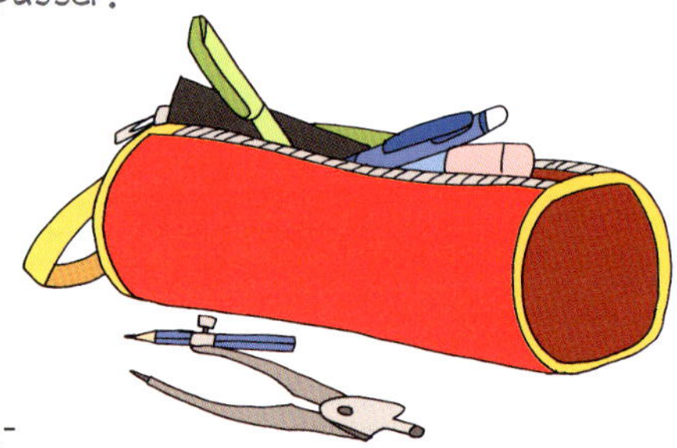

Pas très rassurant, tout ça ?
Examinons un peu la situation...
Une petite dizaine de profs vont remplacer celui ou celle qui vous bichonne à l'école primaire.
Ces nouveaux enseignants du collège vous laisseront-ils vous noyer dans un océan de leçons barbares ?
Certainement pas ! On peut même dire qu'au premier trimestre les profs seront particulièrement vigilants à votre adaptation.
Donc, si vous n'avez pas prévu d'arriver en 6e avec une mentalité de CP, vous devriez vous en sortir. Soyez dégourdi et prenez-vous en charge !

Prenez garde aux oublis de matériel : Si c'est inévitable au début, on ne vous le pardonnera pas longtemps.

Entre nous, on n'a jamais vu un élève de 6e retourner en CM2 parce qu'il n'était pas prêt ! Alors, reposons la question... Serez-vous prêt à coup sûr ?

• Votre nouveau train-train •

Parfois, l'entrée au collège occasionne l'usage d'un nouveau moyen de transport. C'est sympa de changer !

LE VÉLO

Très agréable pour sa disponibilité à toute heure. Son point faible est sans doute le port obligatoire du casque.

Points incontournables :

- Avoir un vélo équipé en éclairages avant et arrière.
- Ne pas rouler sur les trottoirs.
- S'arrêter aux feux rouges bien sûr !

Ce sont des évidences, mais ça va mieux en les rappelant...

Repérez le parcours avec un adulte plusieurs fois avant la rentrée !

Au garage à vélos, l'antivol est indispensable.

LA TROTTINETTE

Plus rapide que la marche à pied, elle est cependant tellement facile à voler que bien des collégiens finissent par y renoncer... Rappelez-vous : sur les trottoirs, les trottinettes n'ont pas la priorité.

Prudence : à trottinette, petits trous et bosses sont d'excellents tremplins pour les vols planés...

LE SCOOTER

Oui, bien sûr, avant l'âge requis de 14 ans, il vous faudra encore un adulte aux commandes... Mais, se faire déposer à scooter ou à moto devant le collège, ça le fait ! Pour l'avenir, sachez qu'obtenir le BSR (brevet de sécurité routière) en classe de 5e permet ensuite de s'inscrire dans une moto-école pour l'épreuve pratique obligatoire à scooter.

LA VOITURE AVEC CHAUFFEUR

Vive la limousine à rallonge avec option boisson à bulles ! Mais, le plus souvent, vous arriverez plutôt à bord de la voiture familiale... C'est cool quand même : vous grimpez dans la voiture et, hop, vous vous laissez déposer devant le collège. Par contre, bonjour les embouteillages à l'entrée de l'établissement et les dégagements de pots d'échappement qui « profitent » à tous les élèves. Ne vaut-il pas mieux un vrai réveil entre potes dans le bus scolaire ?

Meilleur bilan carbone

La médaille d'or revient à... vos pieds ! Et, pour la santé, rien ne vaut une bonne marche !

LES TRANSPORTS EN COMMUN

Bus, train ou même métro, voilà des transports conviviaux! Faire le trajet à plusieurs est tout à fait cool et sécurisant. Tout de même :

- Vos bavardages ne doivent pas rendre la vie des autres voyageurs insupportable. Modérez le volume sonore…
- Laissez votre place assise aux personnes âgées, aux handicapés et aux femmes enceintes. Question de politesse.
- Ne traînez pas dans les couloirs du métro ou dans les gares et ne répondez pas aux interpellations d'inconnus qui vous paraissent étranges… Prudence!

Soyez vigilant :

- Prenez le bon bus ou le bon train! Une erreur est si vite arrivée. Demandez conseil au chauffeur ou à des passagers.
- Ayez votre titre de transport en règle bien sûr et validez-le à chaque fois.

Si votre bus a du retard, vous l'attendrez. Mais, si, vous, vous êtes en retard, le bus ne vous attendra pas! Plutôt injuste, c'est vrai!

Un peu stressé de prendre le bus?
Voyez page 73.

• Savoir choisir son « cartable* » •

* *Comme dit mémé Lucienne...*

S'il y a bien une chose qui va changer au collège, c'est le poids de votre cartable...

Jugez-en vous-même avec ce petit problème de maths : un livre pèse en moyenne 800 grammes, et un grand cahier 400 grammes. En supposant que vous avez 6 heures de cours, à raison d'un livre et d'un cahier par heure de cours, combien pèsera votre sac ? (N'oubliez pas qu'il y a aussi les cahiers d'exercices, la trousse, la règle, les équerres et la calculette. Laissez tomber le petit goûter, sinon on ne va pas s'en sortir...)

Alors ? Une réponse ?

Allez, ne cherchez plus, il pèsera aux alentours de 10 kilos ! C'est beaucoup trop. Que faire ? Laisser la moitié de vos livres à la maison ? Sûrement pas. Alors ? Au collège, on a bien pris en compte votre problème. Hélas, il n'y a pas de solution idéale. Aussi, en attendant l'ère du tout numérique :

- Un **casier** vous sera attribué. Vous y déchargerez quelques affaires.
- **Écoutez bien** vos profs ! Le livre ne sera peut-être pas à apporter à chaque fois. Ou encore vous conseilleront-ils de n'utiliser qu'un livre pour deux. Affaire à suivre donc...
- Faites du **sport** ! Un dos bien musclé, des cuisses qui tiennent la route, sauront mieux vous aider à soulever ce fardeau !

Pour utiliser votre casier de façon optimale… voyez page 45.

Maintenant que vous savez tout, faites le bon choix !

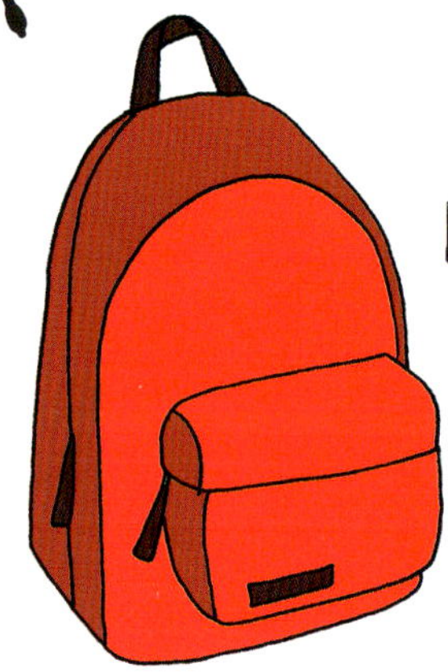

OUI

Impeccable, le sac à dos ultraléger et rembourré à l'arrière et au niveau des bretelles.

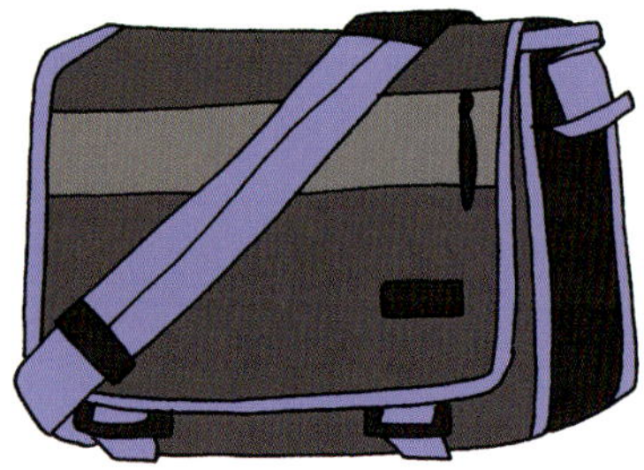

OUI

Bonne taille. En bandoulière ? Pourquoi pas ?

NON

Trèèèès sympa !
Mais vos livres ?
Vous les laissez
sur le trottoir ?

PLUTOT NON

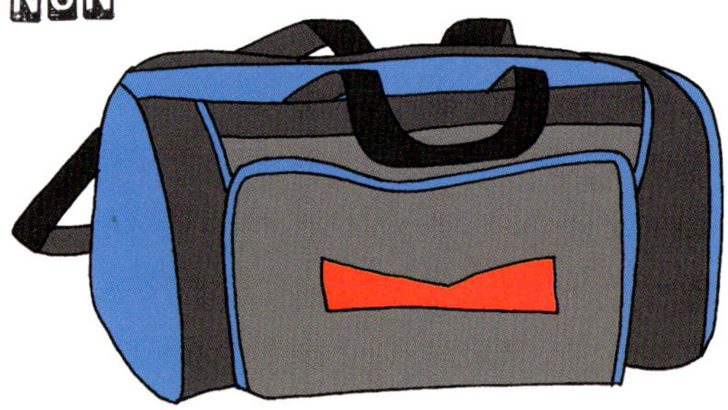

Très cool mais encombrant. Et on peut présager un sacré micmac à l'intérieur...

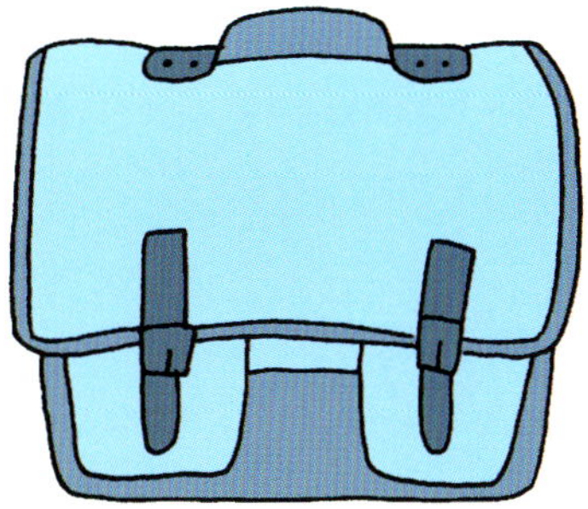

NON

Le voici, le bon vieux cartable de mémé Lucienne ! Bien trop lourd ! Allez, aux oubliettes !

PLUTÔT OUI

Très classe ! Assez grand, même si la tendinite du coude vous guette…

NON

Les roulettes, c'était parfait pour l'entrée au CP. Mais trop d'escaliers vous guettent…

PLUTÔT NON

Charmant, vraiment ! Si on exclut le risque de renversement…

• La rentrée, ce moment chargé d'émotions •

Enfin ! C'est le jour de la rentrée, et vous voici, comme tous les nouveaux 6e, au beau milieu de la cour de récré. Génial ? Pas si sûr… Une légère angoisse vous noue la gorge : va-t-on vous précipiter dans deux secondes au cœur de ce labyrinthe qu'est le collège ?

Vous vous imaginez déjà errant dans des couloirs sans fin en cherchant désespérément la bonne salle de classe. Vous l'avez trouvée ? Oui mais trop tard ! Le cours est déjà fini, et il vous faut déjà courir à la salle suivante… Finirez-vous tout desséché, oublié de tous, dans un recoin du collège ?! Mais noooon ! Rassurez-vous. **La plus grande attention est toujours accordée à tout nouvel élève**, et surtout le jour de la rentrée ! D'ailleurs, un comité d'accueil est là, au grand complet, pour vous accueillir. Et eux aussi ont soigné leur tenue ! L'instant est solennel, émouvant même, surtout pour vos parents, qui auront tenu à être là pour ce moment fort.

Les professeurs
spécialement
en charge
des classes de 6e
Un assistant d'éducation,
appelé aussi *surveillant*
Mlle la conseillère
principale d'éducation
(CPE), chargée de votre vie
au sein de l'établissement

Allez, fini de rêvasser… C'est déjà l'appel, et zou, au boulot !

Au programme de la journée…

- Distribution du **carnet de correspondance** avec explications détaillées sur le règlement intérieur.
- Attribution de votre **emploi du temps**. Voici aussi les noms de vos futurs profs. Ils vous évoqueront sûrement des visages et des tempéraments qui parfois n'auront rien à voir avec la réalité…
- Distribution de **vos livres**, à couvrir au plus vite bien sûr.
- **Visite** du collège. Vous l'avez déjà vu ? Ce sera l'occasion de réviser !
- Déjeuner à la **cantine** : une chance, on évitera de vous faire manger des épinards ce jour-là… Vous voyez bien que tout est fait pour vous être agréable !

Avez-vous remarqué ?
Il n'y a que les élèves de 6e ce jour-là au collège. Bien sûr, on vous chouchoute ! Vous démarrez ainsi votre année sans bousculades. Zen !

Vous avez des questions ?
Vos profs seront toujours prêts à y répondre. Pensez aussi à vous adresser aux surveillants. Ils sont là exprès pour vous !

Ça roule !

Le collège, c'est une organisation en béton. Pas de place à l'improvisation. Vous pensiez galérer dans les couloirs ? Oubliez ça : vous trouverez toujours quelqu'un pour vous remettre vite fait sur les rails. Et puis, un délai d'adaptation vous est accordé bien sûr. N'espérez pas toutefois pouvoir en jouer jusqu'à Pâques…

Y a-t-il un moyen d'être dans la classe de son meilleur pote ?

La question serait plutôt : aurez-vous votre meilleur pote ou votre copine de toujours à vos côtés ? (Car, non, il n'y a pas moyen de s'arranger…)

Si c'est **OUI**, alors ce sera cool ! Néanmoins, prudence, car bavardages et ricanements ne seront vraiment pas les bienvenus en cours…

Si c'est **NON**, aïe. On a déjà vu des élèves rentrer chez eux en pleurant tellement ça les avait désespérés…
Mais voyons point par point :
OUI, il faudra vous y faire.
OUI, ça prendra plusieurs jours ou semaines.
OUI, vous vous ferez d'autres copains de classe très sympas.
OUI, vous reverrez vos anciens potes dans la cour.
Et **OUI**, même si vous en doutez encore, ce sera très positif !

Quand est-ce qu'on aura des devoirs ?

Pressé d'en découdre ?
Vite, allez voir page 38.

• Le stress de vos parents •

Bien sûr, vos parents sont allés à l'école avant vous. Les rentrées scolaires, ils connaissent. Ce n'est donc pas une petite entrée en 6e qui va les effrayer.

Eh bien, détrompez-vous ! Car aujourd'hui il s'agit de VOUS, leur chouchounet chéri, leur petit cœur adoré, leur bébé d'amour ! Rendez-vous compte : il s'agit d'une terrible angoisse pour eux ! Leur vrai problème ? Ne pas pouvoir tout gérer à votre place. Ils vont devoir vous faire confiance…

TEST

En général, les parents inquiets pensent que…	Ont-ils raison de s'inquiéter ?	
vous allez souvent rater le bus et être en retard.	☐ Oui	☐ Non
vous allez être perdu avec votre emploi du temps.	☐ Oui	☐ Non
vous ne saurez pas gérer votre cartable.	☐ Oui	☐ Non
vous vous laisserez déborder par les devoirs à la maison.	☐ Oui	☐ Non
vous allez vous laisser influencer par de grands élèves.	☐ Oui	☐ Non
vous serez incapable de parler anglais pour de bon.	☐ Oui	☐ Non

Vous comptez au moins 4 "Non"…

Vos parents ont tort de stresser. Faites preuve très vite, dès la rentrée, de responsabilité et d'organisation. Épatez-les, et ils vous laisseront tranquille.

Vous comptez au moins 3 "Oui"…

Cette entrée en 6e vous inquiète un peu. C'est bien normal. Vous avez besoin du soutien et de la confiance de vos parents. Ils n'ont pas à faire porter sur vous leur propre angoisse. Alors, s'ils sont trop stressants, n'hésitez pas à le leur faire remarquer !

Un collège vu d'en haut

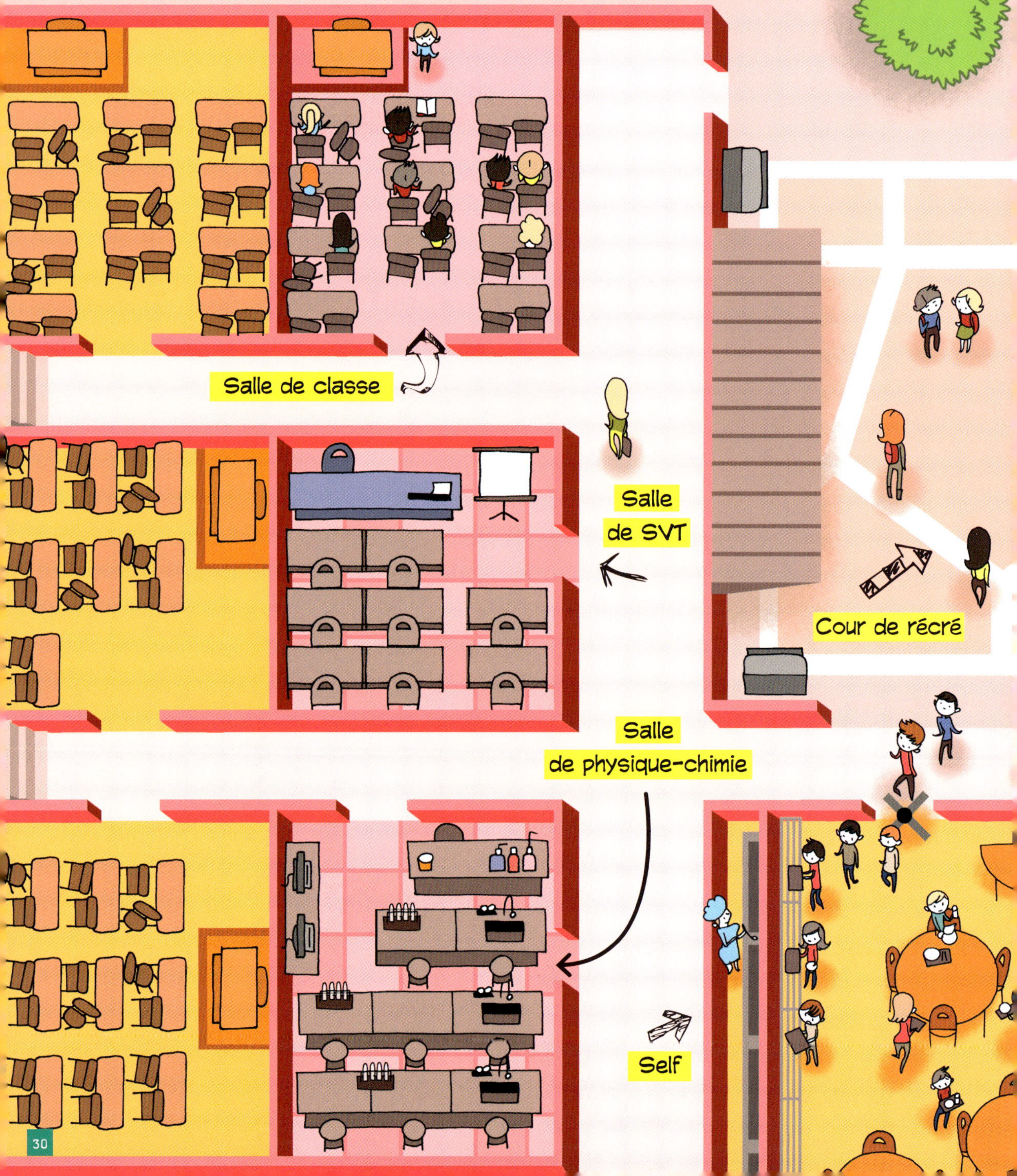

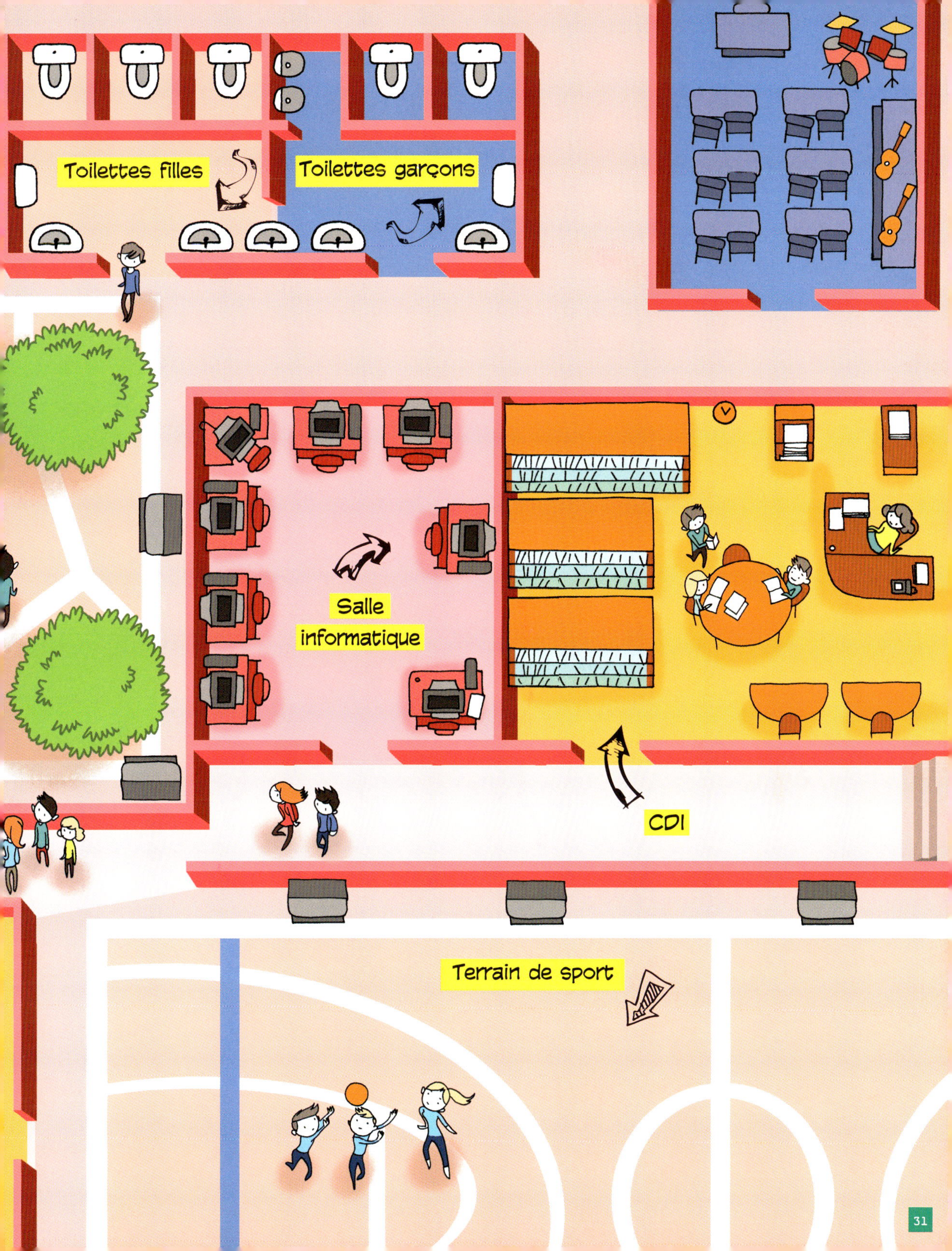
Toilettes filles
Toilettes garçons
Salle informatique
CDI
Terrain de sport

Ces élèves qui font deux têtes de plus que vous

Mais qui sont vraiment ces géants des classes de 3e ?

Qu'ont-ils bien pu manger qui les mette dans cet état ?! Il vous semble qu'il vaudrait mieux éviter de passer trop près d'eux. Peut-être sont-ils capables de mordre ? Grrr... Ou bien de ronronner ?! Après tout, pourquoi pas ?... Un peu caricatural, ce portrait ? Cher élève de 6e, pensez, sans rire, qu'il y a 100 % de chances que vous deveniez ainsi en moins de quatre ans. Ça vous laisse sur les fesses ?

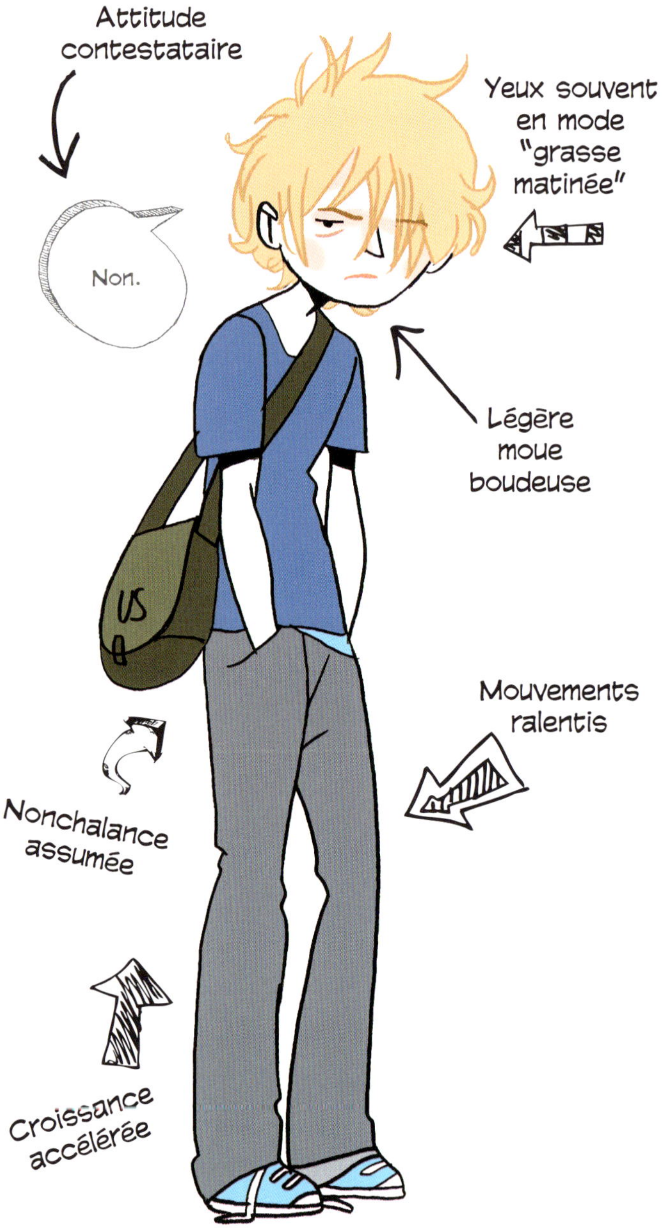

RÉCLAMATION !

On nous signale qu'un élève affirme avoir des boutons sur la figure depuis qu'il est au collège. Il souhaite porter plainte contre les cours de géométrie, qu'il juge allergisants et empoisonnants pour sa vie de beau gosse.

RÉPONSE !

Qu'on se le dise : après de nombreuses recherches scientifiques, il a été établi que le collège n'est pas nocif pour la santé, ni urticant, ni radioactif, ni rien de tout ça. Bien au contraire, il se révèle être un incomparable booster cérébral et un activateur intensif de relations sociales. Les boutons sur la figure? Ça viendrait plutôt du passage à l'état d'adolescent. Il faut quand même bien arriver en classe de 3e sans continuer à ressembler à un petit 6e ! Consultez un médecin si la situation devient insoutenable...

Ces grands 3e vous font vraiment peur ?
Ne craignez rien, c'est tout juste s'ils ont remarqué la présence de nouveaux 6e au collège. Ils ont bien d'autres préoccupations en tête...

Pour en savoir plus sur le monde des 3e, allez voir page 128.

Depuis votre entrée au collège, vous vous sentez bien plus libre

Mais d'où vient cette agréable impression ?

Plusieurs petites choses vous font voir la vie autrement :

- On vous pousse à être bien plus autonome.
- Vous devez faire preuve d'initiatives.
- Vous évoluez auprès de grands qui se débrouillent seuls.
- Votre emploi du temps vous laisse de nouvelles plages de liberté.

Tout ça est très dynamisant, et vous vous sentez prêt à tenter des expériences inédites ! Ce sera très positif en général. Toutefois, prudence...

Rappelons que vous ne pouvez pas :

- Enfreindre les règles édictées par votre établissement.
- Dire à vos parents que vous êtes au collège alors que vous êtes ailleurs.
- Entraîner d'autres élèves vers des idées du même genre...

Notez bien que **vous n'échapperez pas plusieurs fois à la vigilance des surveillants, ni à celle de vos parents**, qui auront tôt fait de vous remettre les idées à l'endroit.

Ne vous laissez pas influencer bêtement et ne vous lancez pas dans ce qui vous semble « trop ».

Le saviez-vous ?
Au collège, les langues sont très actives et, sans qu'on comprenne comment, tout finit toujours par se savoir ; surtout le pire...

• Vos nouveaux outils •

Voici le bric-à-brac des objets dont vous aurez à vous servir à tout moment.

Attention, car ils sont fugueurs et ont la furieuse habitude de sauter des poches ! Les ranger dans votre sac à dos ne serait pas pratique du tout.
Une idée : optez pour un minisac en bandoulière que vous aurez toujours avec vous.
Au cas où : pensez au paquet de mouchoirs pour les rhumes ou les chagrins inopinés (les vôtres ou ceux des autres), car rien n'est pire (en plus de pleurer) que de renifler – « Sniff ! » – ou de s'essuyer sur sa manche...

Vous serez super au point pour la rentrée

Dès votre inscription en juin, on vous fournira la liste des fournitures pour la rentrée.
Pratique : vous pourrez faire vos courses cet été, en dehors des périodes de foule.
Des livrets d'exercices sont à acheter en librairie ou via Internet.
Et pensez au film plastique pour couvrir les livres !
Ceux-ci vous seront prêtés par le collège, et vous aurez à en prendre grand soin.

Votre **AGENDA**, utilisé à tous les cours, sera votre futur grand compagnon. Alors, chouchoutez-le !

Certains agendas sont vendus prêts à être customisés par vos soins. Collages de photos de vous, de vos copains, de vos stars préférées, dessins… tout est bon pour être créatif et imaginer une couverture à votre goût et à votre image !

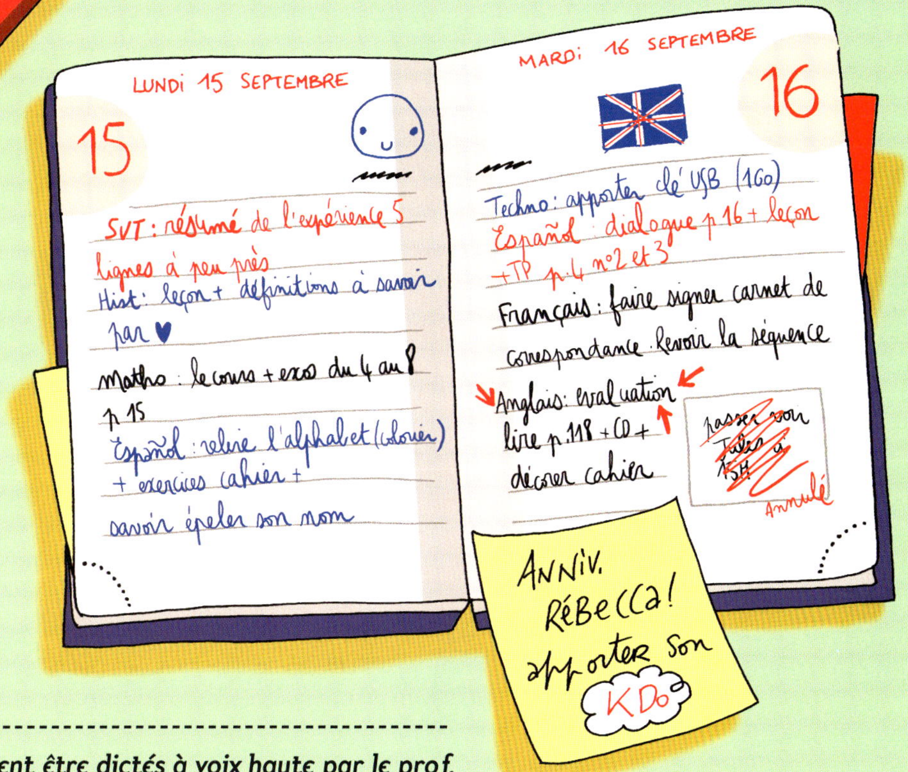

Vos devoirs peuvent être dictés à voix haute par le prof.
Ne relâchez pas votre attention en fin de cours.

Notez bien tous les détails : exos à faire, leçons à apprendre, choses particulières à apporter, mots du carnet de correspondance ou contrôles à faire signer… **Et, surtout, notez-les à la bonne page !**

Y aura-t-il une charge phénoménale de devoirs ?

Comptez 1 heure à 1 h 30 de devoirs le soir.
En moyenne bien sûr. C'est variable suivant les jours et selon les personnes.

Pour être honnête, une bonne petite quantité de devoirs à la maison vous attend en 6e. Davantage qu'en CM2, c'est sûr. Prévoyez une leçon à revoir pour chaque matière. Et puis un exercice ou deux, ici et là...

Rassurez-vous, ce ne sera pas systématique. C'est vrai, certains soirs seront chargés, spécialement en période d'évaluations et de contrôles. Ceux-ci tombent souvent tous en même temps...

Organisez-vous

Au collège, les devoirs vous sont donnés à l'avance. N'attendez pas la veille au soir pour vous y mettre. Anticipez quelques jours auparavant, le week-end par exemple. Ce sera bien moins pénible.

Les secrets d'un travail efficace à la maison ? Courez vite page 114.

• Ce qui change au collège •

À la journée portes ouvertes du collège, on a rencontré des profs. Ça fait bizarre, ils nous parlent comme à des adultes...

C'est ça de grandir!
Pour être prévenu, lisez la page 47.

Paraît qu'à chaque fin de trimestre il y a un conseil de classe, et là, si t'as pas trop bossé, tu te fais casser... Enfin, c'est sans pitié, quoi.

Oui, enfin... non, pas exactement...
Voyez page 54.

En ce qui concerne le collège du futur, je suis sûr qu'on a des siècles de retard. À quand la révolution numérique?

Un ordinateur – pour chaque élève!

Un ordinateur – pour chaque élève!

Allez, répétez avec moi...

Rassurez-vous, c'est pour bientôt!
Rendez-vous avec le futur page 56.

• Votre nouvel emploi du temps •

Voici, sur la page d'à côté, à quoi pourrait bien ressembler votre semaine en 6e. Chaque établissement a ses horaires spécifiques, mais notez qu'on ne vous accordera pas cinq minutes de retard. Au collège, ça ne rigole pas, tiens!

- Sur cet exemple d'emploi du temps, **les récrés** sont à 10 heures et à 14 h 25, et durent 15 minutes.
- Suivant les jours, rendez-vous à **la cantine** à 11 h 15 ou à 12 h 15. 1 h 15 de pause déjeuner.
- Le mardi, de 10 h 15 à 11 h 10, il y a ce qu'on appelle un *trou* dans l'emploi du temps. Un surveillant accueillera les élèves dans une salle de classe pour **une heure de permanence**. C'est l'occasion de lire, de dessiner ou, mieux, de s'avancer dans ses devoirs.
- Le mercredi après-midi, vous pourrez accéder à l'UNSS (Union nationale du sport scolaire). Badminton, gym, basket, fitness, handball, natation, VTT... vous serez informé dès la rentrée des **sports** proposés par votre établissement.
- **Neuf matières au minimum** sont au menu en 6e. Si elles ne sont pas tout à fait nouvelles pour vous, les voici maintenant enseignées par des professeurs dont c'est la grande spécialité. Ce sont de vrais pros qui ont énormément à vous transmettre et qui vont vous surprendre!

Deux langues

Sachez que, dans bien des établissements, il existe la possibilité de commencer deux langues dès la 6e. Renseignez-vous avant votre inscription!

En savoir plus sur les profs ? Consultez le chapitre 5, page 133.

Horaires	Lundi	Mardi	Mercredi	Jeudi	Vendredi
8 h 5 à 9 heures	Anglais Salle Lamartine		EPS Stade	Arts plast. Salle Ravel	Allemand Salle Goethe
9 h 5 à 10 heures	Allemand Salle Goethe	Hist-géo Salle Berlioz	EPS Stade	SVT Salle Buffon	Français Salle Rameau
10 h 15 à 11 h 10	Maths Salle Rameau		Hist-géo Salle Berlioz	Français Salle Chateaubriand	Français Salle Rameau
11 h 15 à 12 h 10		Allemand Salle Goethe	SVT groupe 2 B / Techno groupe 1 A		
12 h 30 à 13 h 25	EPS Gymnase			Allemand Salle Goethe	Hist-géo Salle Berlioz
13 h 30 à 14 h 25	EPS Gymnase	Maths Salle Lamartine		Anglais Salle Lamartine	Français Salle Musset
14 h 40 à 15 h 35	Technologie Salle Rostand	Anglais Salle Lamartine		Maths Salle Goethe	Anglais Salle Lamartine
15 h 40 à 16 h 35	Maths Salle Mozart			Musique Salle Lully	
16 h 40 à 17 h 35	Méthodologie Salle Berlioz				

Vous avez beau chercher, vous ne trouvez pas l'enseignement des forces du mal?

Si vous y tenez absolument, demandez une dérogation pour le collège Poudlard! En attendant, travaillez à fond votre English vocabulary, vous en aurez besoin...

Y a-t-il des cours pendant lesquels vous pourrez vous reposer ?

Hein ?! Et pourquoi pas faire la sieste pendant que vous y êtes ?...

C'est vrai que vous ne serez pas sollicité de la même façon selon les matières. Certaines vous sembleront plus faciles ou plus cool. Mais ne vous y trompez pas... toutes les matières comptent ! Elles ont le même coefficient dans la moyenne générale, ce qui signifie que les maths ont autant d'importance que la gym ou la musique.

Vous avez des facilités en français ? En maths ? En anglais ?

Tant mieux pour vous, mais ne lâchez rien sur le reste. Un investissement faible dans certaines matières donnerait l'image d'un élève peu fiable et même fainéant. Bonjour les appréciations critiques qui fleuriraient sur votre bulletin de notes...

Pensez-y...

Vous prévoyez d'être quelqu'un de cultivé et de moins bête que la moyenne ? Le collège est l'endroit idéal pour vous enrichir de mille expériences diverses et variées. Une façon de travailler votre culture générale, mais aussi vos relations sociales. Alors, participez !

• Par pitié pour votre dos, utilisez votre casier •

La plupart des collèges sont équipés de casiers. L'un d'entre eux vous sera attribué à la rentrée.

Pour quoi faire ? Pour alléger votre sac d'école, car, comme nous l'avons déjà dit, celui-ci va peser lourd, très lourd… Voici comment utiliser efficacement votre casier :

Déchargez les affaires des cours de l'après-midi. Ne gardez dans votre sac que celles dont vous aurez besoin le matin.

Laissez dans votre casier le matériel qui était utile le matin et prenez celui de l'après-midi.

Éventuellement, déposez votre sac en prenant soin de garder avec vous votre passe de cantine.

Le mieux est de tout rapporter à la maison pour être sûr d'avoir les livres et cahiers nécessaires à vos devoirs.

Rassurez-vous, en vrai c'est moins compliqué qu'il n'y paraît. Juste une question d'habitude. Et puis, une petite erreur en début d'année vous sera pardonnée.

Le cas des affaires de sport : pas la peine de rapporter chaque fois vos baskets à la maison. Laissez-les dans votre casier. Sauf que : lorsqu'elles commencent à sentir les pieds, pensez à les rapatrier pour un petit tour dans la machine à laver...

Un petit cadenas sera indispensable pour sécuriser votre casier. Il vous faudra l'acheter et choisir entre la version à code ou celle à clé. Attention, ça ne fera pas de votre casier un coffre-fort, alors n'envisagez pas d'y déposer votre fortune personnelle !

Un livre pour deux

Soyez bien attentif aux consignes données par vos professeurs. Certains vous autoriseront à n'utiliser qu'un livre pour deux. À vous de vous organiser avec votre voisin de table pour apporter le livre en question chacun à votre tour. Il s'agit de ne pas vous rater...

• Surprise : on vous vouvoie •

Est-ce bien à vous qu'on s'adresse ? Mais pourquoi ne vous appelle-t-il pas par votre prénom, celui-là ? Et puis, pourquoi *monsieur* ? Vous n'avez pas 45 ans pourtant !

Eh oui, les choses changent. Certains profs ont décidé de vous appeler *monsieur*, *jeune homme* ou *mademoiselle*. Et, en plus, ils vous vouvoient ! C'est évident, ils cherchent à établir une distance entre vous et eux. Mais pour quelle raison ?

- Vous leur devez **le respect**. C'est une évidence en 6e, mais les dérapages de certains collégiens plus âgés les poussent à mettre tout de suite les choses au clair.

- Le temps de l'école primaire, où on vous mouchait le nez parce que vous aviez un gros chagrin, est bien fini. Vous pouvez attendre des profs de la bienveillance, mais pas du maternage. Il est temps pour tous les nouveaux collégiens de **se prendre en charge** !

- Contrairement à l'anglais, où le *you* ne distingue pas le *tu* du *vous*, la langue française accorde une grande importance à cette différenciation. Autant s'y habituer. Pensez-y d'ailleurs : vous ne serez bientôt plus à même de tutoyer d'emblée les parents de vos nouveaux copains, et les adultes en général.

• Ça se fait, ça ne se fait plus •

Ce n'est pas pour casser l'ambiance, mais la vie de classe plutôt décontractée de la fin du CM2 est bel et bien terminée. Il va falloir vous plier à une rigueur nouvelle qui vise à vous rendre efficace à 100 %.

ÇA SE FAIT

(Et même, vous ne pourrez pas y couper!)

- Lever la main avant de prendre la parole.
- Demander l'autorisation avant de se lever, quelle qu'en soit la raison.
- Dire « Veuillez m'excuser » pour tout retard (et non pas « C'est pas ma faute »).
- S'adresser au prof en l'appelant *madame* ou *monsieur* (et non plus *maître* ou *maîtresse*).

ON OUBLIE

- Le petit atelier bavardage pendant que le prof s'occupe d'un autre élève.
- Ricaner bêtement des âneries des autres.
- Fondre en larmes parce qu'on n'a eu « que » 15/20, et ensuite renifler bruyamment parce qu'on n'a pas de mouchoirs.
- Si « on sait », on évite de se mettre limite debout sur sa chaise en levant le doigt et en suppliant : « Moi! Moi, madame! Je sais, moi! »
- Se lever pour aller tailler son crayon au-dessus de la poubelle (taille-crayon à réservoir obligatoire).
- Demander à sortir pour faire un petit pipi. Réservez cette activité pour l'interclasse ou la récré, voyons!

Vous l'avez compris, les attitudes de petit CP sont à bannir. Ayez l'air d'avoir évolué, car, bonne nouvelle, à lire ce guide, VOUS AVEZ DÉJÀ GRANDI! L'air de rien, vous êtes en train de vous transformer en collégien!

• Mission impossible : la mallette •

Une mission à risque ?

À vrai dire, non. Quoique... Qui n'a jamais oublié la mallette dans une salle de classe, aux toilettes ou à la cantine ? Réponse : **personne** ! Alors franchement, bonne chance ! Si ça peut vous rassurer, ce système est en voie de disparition grâce à l'informatisation des collèges. Peut-être y échapperez-vous...

Cette mission, si vous l'acceptez... Heu, en fait vous n'aurez pas le choix.

Durant une semaine au cours de l'année, vous serez en charge de la fameuse **mallette**, autrement appelée **cahier d'appel** ou **cahier de texte**.
Les profs y notent les absents et les devoirs à faire à la maison. Un ou deux élèves sont chargés de la faire suivre de cours en cours, de salle en salle.

• La soif d'apprendre •

Fascinant, le cerveau d'un jeune élève ! Tout scientifique vous dira sa grande capacité à raisonner, à se gorger de connaissances. Et puis, cette facilité à apprendre, cette envie toute-puissante… Cette énergie cérébrale bouillonnante… Enfin, observez cette réactivité intellectuelle en action…

Une tête pèse entre 5 et 7 kilos. C'est considérable ! Qu'on soit surdoué ou qu'on ait le quotient intellectuel d'une poule, aucune incidence sur son poids… Bien sûr, la main de l'élève n'a pas été créée pour supporter la tête mais bien pour tenir un crayon, tourner des pages ou lever le doigt…

Un petit problème de motivation ? Voyez sans tarder page 65.

Faites-vous élire délégué

Être délégué, c'est devenir le représentant de tous les élèves de sa classe, et ce auprès des professeurs, du bureau de la vie scolaire et de la direction du collège. Avez-vous une idée de ce que vous aurez à faire si vous êtes élu délégué ?

QUIZ

Comprenez-vous le rôle du délégué ?

1. Un élève se blesse dans la cour de récré, c'est à vous d'appeler les pompiers.

☐ Vrai ☐ Faux

2. Vous participerez au conseil de classe, chaque fin de trimestre. Vous parlerez au nom des élèves et ferez les remarques qu'ils vous auront soumises au préalable.

☐ Vrai ☐ Faux

3. En sortie scolaire, vous serez chargé d'arrêter les voitures devant les passages piétons pour sécuriser le passage de vos camarades de classe.

☐ Vrai ☐ Faux

4. Un élève de votre classe rencontre des difficultés et redoute d'aller tout seul voir le prof principal ? Vous vous devez de l'accompagner.

☐ Vrai ☐ Faux

5. Après chaque conseil de classe, vous devrez rendre compte aux élèves qui vous le demanderont de ce qui a été dit à leur sujet.

☐ Vrai ☐ Faux

6. La classe rencontre un problème ? Vous serez interrogé en priorité par le principal ou la CPE à ce sujet.

☐ Vrai ☐ Faux

7. Un prof absent et une heure de permanence en perspective ? Il y a peut-être moyen d'arranger ça. À vous de négocier avec le bureau de la vie scolaire un aménagement de l'emploi du temps.

☐ Vrai ☐ Faux

8. Être délégué, c'est un engagement. Les élèves de votre classe vous remercieront en fin d'année en vous offrant une journée dans un parc d'attractions trop génial. Ça vaut le coup !

☐ Vrai ☐ Faux

Réponses :

1. Faux. C'est la responsabilité des adultes. Néanmoins, c'est bon à savoir, pour appeler les pompiers, faites le 18 ! – 2. Vrai. – 3. Faux. – 4. Vrai. – 5. Vrai. Aussi, il vous faudra prendre des notes pendant la séance du conseil. – 6. Vrai. – 7. Vrai. – 8. Vrai, être délégué, c'est un engagement ; mais, faux hélas, pas d'entrée au parc d'attractions…

Seront élus après un vote à bulletins secrets

deux délégués, une fille et un garçon pour la parité ; deux suppléants pour les remplacer en cas d'empêchement.

Sacrée responsabilité que d'être délégué !
D'ailleurs, une petite formation vous sera proposée. Notez bien que c'est une expérience enrichissante qui permet de se mobiliser activement, mais aussi de savoir prendre du recul sur tout ce qui se dit et se fait.

Encore plus fort !
En 4e et en 3e, vous pourrez devenir délégué au conseil d'administration. Il s'agit de participer au bon fonctionnement général du collège. Ultrasérieux !

Ça me plaît ! Comment fait-on pour être élu délégué ?

Il vous faut mener une petite campagne électorale et convaincre vos futurs électeurs ! Heureusement, pas de tracts à distribuer... Mais peut-être aurez-vous à prononcer un minidiscours devant votre classe. Rien de bien terrible : faites valoir vos qualités et, surtout, votre motivation à soutenir la classe. Une touche d'humour ne gâche rien, car il faut le savoir : les élèves proposant un investissement ultrasérieux ne seront pas forcément élus. Les électeurs leur préfèrent souvent des élèves plus populaires !

La mairie de votre ville organise peut-être un conseil des jeunes.
Vous avez des idées géniales pour les jeunes de votre ville ? Vous souhaitez participer à des projets à ce sujet ? Renseignez-vous vite !

• À l'heure du conseil de classe •

Au collège, chaque fin de trimestre, le conseil de classe fait le point sur l'ensemble de la classe et sur les difficultés éventuelles qu'elle rencontre. C'est un bilan. Ensuite, le travail de chaque élève est évoqué. Quand ça va mal, il faut en parler pour tenter de trouver des solutions. Quand tout se passe bien, il faut le dire aussi !

Le conseil réunit les professeurs de la classe et est présidé par le principal du collège ou par son adjoint. Deux parents d'élèves sont présents, ainsi que les deux élèves-délégués élus.

En tant que délégué, le conseil de classe sera pour vous un moment important. Au préalable, vous aurez fait le point avec les élèves de votre classe. Mais, attention, tout ne peut pas être dit ! En particulier, on ne doit pas mettre en cause des personnes en les citant directement par leur nom. Petite leçon de diplomatie :

Appréciations

Des félicitations, des compliments, des encouragements, mais aussi des avertissements de travail ou de comportement, peuvent être attribués à chacun.

ON NE DIT PAS :

« La prof d'anglais, Mme Machin, ne tient pas sa classe : les élèves discutent pendant ses cours, c'est le bazar. »

ON DIT PLUTÔT :

« À certains moments la classe est agitée, ce qui empêche des élèves de se concentrer et de travailler comme il faut. »

ON NE DIT PAS :

« Adrien et Norman sont nuls et font n'importe quoi. »

ON DIT PLUTÔT :

« Certains élèves perturbent le bon déroulement des cours. »

ON NE DIT PAS :
« Y en a marre des devoirs! »

EN REVANCHE,
vous pouvez tout à fait évoquer des embouteillages : « Le mardi soir, on a trop de devoirs pour le lendemain. » Ainsi, les profs peuvent en tenir compte et éventuellement adapter les devoirs à votre emploi du temps.

ON NE DIT PAS :
« À la cantine, c'est pas bon. »

EN EFFET,
le conseil de classe n'est pas exactement le lieu pour parler des problèmes de restauration.

N'oubliez pas

Vous devrez rendre compte à chacun des élèves de votre classe de ce qui se sera dit sur lui pendant le conseil. Alors, prenez des notes et partagez ce travail avec l'autre élève délégué.

• Le collège du futur •

Sont opérationnels dès aujourd'hui :

Le TNI, tableau numérique informatique.
L'écran d'un ordinateur est projeté sur un tableau. À l'aide d'un stylet, on écrit, on copie, on colle, on clique, on fait glisser en un clin d'œil. Rien d'extraordinaire pour vous ? Et pourtant, quel bond en avant ! Images, sons, vidéos vont de plus en plus animer les cours. Ça deviendra bien plus amusant et moins stressant de passer au tableau.

Vos notes sur Internet !
Vous y accéderez grâce à un code personnel. Et, très bientôt, vous y trouverez vos devoirs maison via le cahier de texte électronique ! Tous les établissements ne sont pas encore au point, mais ça ne saurait tarder.

À quand l'ordinateur portable pour chaque élève ?

Mais avez-vous seulement pensé aux élèves de 2089 ?! Comme ils regretteront les taille-crayons, les gommes, les stylos plume, les surligneurs, les blancos... tout ce petit matériel qu'on se fait un plaisir d'acheter à la rentrée ! Qu'ils auront l'air tristes avec leur tablette numérique... OK, l'informatique, c'est génial. Mais quel coût redoutable lorsque des milliers d'élèves sont à équiper ! Alors, encore un peu de patience.

• Cet objet merveilleux : le téléphone portable •

Votre Smartphone dernière génération avec appareil photo et caméra intégrés, accès illimité à Internet et forfait SMS à gogo devra rester éteint, rangé dans votre sac, pendant les heures de cours. Voilà. C'est dit, et c'est facile à enregistrer !

Néanmoins, comme vous êtes un collégien plein d'imagination, on peut ajouter par pure mesure de sécurité que :

- Non, en classe, vous n'enverrez pas de textos à votre maman chérie, même si, pour une fois, vous avez eu une bonne note en maths.
- Non, vous ne vérifierez pas une date historique ou l'orthographe d'un mot sur Internet.
- Non, vous ne prendrez pas en photo Kévin qui copie sur Vanessa, pour avoir la preuve qu'il triche.
- Et, non, vous ne jouerez pas à un jeu d'oiseaux en colère parce que vous avez compris la leçon avant les autres... Ce sont des évidences, mais ça va mieux en le disant...

RÉCLAMATION !

On nous signale qu'une élève ne veut pas se rendre au collège sans un sac de la marque Machin-Chose, un jean Trucmuche et des baskets Bidule qui ne coûtent pas moins d'un million de dollars. Elle insiste en disant qu'une bonne intégration au collège ne peut se faire sans des fringues de marque.

RÉPONSE !

Ah bon ? Première nouvelle ! La question serait plutôt : faut-il ruiner la famille pour avoir la panoplie complète d'un mannequin ? Ne croyez pas que ça fera de vous la star du collège, ni même que ça vous vaudra les meilleurs amis du monde. Et la personne qui vous affirme le contraire manque singulièrement de personnalité... Il n'y a pas que l'apparence dans la vie !

• Soyez au top du meilleur de vous-même •

Je fais plein de ratures sur mes copies. Il paraît que les profs du collège n'aiment pas ça. Comment je vais faire alors ?

Ce n'est pas si grave que ça. Voyez les astuces proposées page 62.

Paraît que, la 6e, c'est vraiment fastoche, et que c'est trop simple d'avoir des 20/20 !

C'est assez vrai, à une condition : voyez page 62.

Si au collège on a beaucoup de devoirs, la solution, c'est peut-être de ne pas tous les faire. Faut savoir rester cool !

Sachez que votre travail à la maison sera vérifié à chaque cours. Et oubliez les excuses à deux balles ! Voyez page 66.

Je suis déjà au top ! :-D Je peux passer au chapitre suivant ?

Si vous le dites... Alors, rendez-vous à la page 87.

Appliquez-vous !

Trop de ratures, trop de fautes, trop d'erreurs d'inattention vous feront perdre un point, ou même deux, sur une note. Quel dommage !

QUIZ

Décidez-vous là, tout de suite, maintenant, d'accorder une attention toute particulière...

- à la présentation et au soin de vos copies ?

  ☐ Oui ☐ Non

- à l'orthographe, aux accords et à la conjugaison ?

  ☐ Oui ☐ Non

- aux erreurs bêtes de calcul ?

  ☐ Oui ☐ Non

Si vous avez répondu non au moins une fois, sachez que vous passerez probablement un jour à côté du 20/20 ! À ce moment-là, quelle déception ce sera...

Quelques astuces pour vous améliorer :

- Utilisez un **brouillon** pour les calculs et la mise en ordre de vos idées.
- Servez-vous d'un **effaceur** ou d'un blanco pour éviter les ratures.
- N'hésitez pas à **répéter** vos tables d'addition ou de multiplication.
- **Relisez-vous** ou recomptez, chaque fois que c'est possible.
- Ouvrez un **dictionnaire** pour vérifier l'orthographe d'un mot.

Bonne nouvelle : aucun de ces efforts n'a jamais tué personne...

Faire des fautes d'orthographe à chaque phrase, c'est un peu comme ne jamais se laver les dents : ça ne le fait pas, c'est tout. Alors accordez-y de l'attention, c'est le meilleur moyen de progresser.

• Écrire, écrire, écrire... •

On ne va pas vous mentir : en 6e vous écrirez bien davantage qu'en CM2, et ça n'ira pas en s'arrangeant les années suivantes.

- Les leçons vont être de plus en plus longues et nombreuses.
- Vous ne pourrez plus vous contenter d'un oui ou d'un non. Il faudra sérieusement développer vos réponses aux questions posées.
- Vos devoirs d'expression écrite feront bientôt une page, puis deux, puis trois...

N'espérez pas pouvoir écrire en langage SMS, et surtout ne tentez pas l'expérience, encore moins en dictée. Un zéro est si vite arrivé... D'ailleurs, pas d'inquiétude à avoir, vous ne risquerez pas la tendinite du poignet : votre endurance à l'écriture se mettra en place au fur et à mesure et sans y penser dès votre entrée en 6e. :-)))

SMS

Au fait, savez-vous ce que signifient les initiales *SMS* ?

Pas mal, mais il s'agit en fait de *short message service*, qu'on peut traduire par « service de messages courts ».

• Une langue d'élève •

La langue est un muscle hyperactif, en agitation permanente. C'est facile à constater chez certaines espèces, en particulier chez la collégienne qui a appris une info dingue à la récré. Observons la situation…

Conséquences en cascade :

- Le prof de maths est déjà en train de s'agacer de ce bourdonnement qui perturbe son cours. Il va réagir sévèrement dans moins de deux secondes.
- Léa a fini par décrocher. Dommage, elle qui a déjà redoublé, ça ne va pas faciliter ses affaires.
- Vanessa elle-même, toute à ses problèmes, se demandera à la prochaine évaluation pourquoi, nom d'un ragot à la récré, elle est devenue aussi nulle en maths…

Comment tirer parti de la situation ?

Si, comme Vanessa, vous avez du mal à tenir votre langue, préférez poser des questions en rapport avec la leçon. Au moins, toute la classe en profitera… **À l'heure du bulletin de notes, vous passerez ainsi de** « Bavarde en classe, dérange le cours et ses voisins. **Avertissement de comportement** » à « Participe activement, élément moteur de la classe. Continuez ainsi. **Félicitations !** ». Ça fait la différence, non ?

• C'est le moment de mettre la gomme ! •

Cette bibliothèque représente les méthodes et les connaissances acquises par un élève de 3e ayant travaillé régulièrement. Il sait s'en servir sans problème le moment venu. Et, contrairement à ce que racontent les mauvaises langues, ça ne l'a pas empêché de s'éclater et de profiter de son adolescence.

Le saviez-vous ?

Notre cerveau possède des ressources inépuisables, et nous n'en utilisons jamais qu'une petite partie. Alors, foncez ! Il y a de la marge, vous êtes encore loin de la surchauffe cérébrale…

Voilà la bibliothèque d'un élève qui ne s'est mis au travail qu'au milieu de la 4e. La comparaison se passe de commentaire, mais, heureusement, rien n'est jamais irrattrapable. Pourtant, vous « réveiller » en retard vous vaudra des lacunes certaines, et donc des difficultés importantes. Alors, n'attendez pas la retraite pour vous y mettre !

UN TRAVAIL NON FAIT ?

• Les fausses bonnes excuses •

Ne pas avoir fait un exercice, ça peut arriver pour plusieurs raisons plus ou moins valables. Personne n'est parfait après tout. Le tout, c'est d'avoir sous le coude une excuse bien pensée. Attendez-vous néanmoins à ne pas faire le buzz auprès des profs : si vous saviez tout ce qu'ils ont déjà entendu !

Exemples déjà testés en vrai :

J'AI PAS DE TÊTE

J'ai oublié mon exercice à la maison...

C'est une valeur sûre qui marchera peut-être une fois ou deux.

FAUT L'FAIRE

Je vous ai déjà rendu ce travail. C'est donc que vous l'avez égaré...

Avec un peu de culot, ça passera peut-être.

PANNE DE STYLO

Je l'ai fait à l'oral...

Préparez-vous à passer au tableau.

PAS DE CHANCE

Vraiment je ne comprends pas, je l'avais pourtant mis dans mon sac...

Ça nécessite une tête de circonstance.

ACTUALITÉ

Ça ne sert à rien, je sais déjà que je passe.

Évitez de vous la péter comme ça en début d'année.

FAN D'ARTE

Il y avait un super documentaire à la télé...

Vous avez intérêt à avoir lu le programme télé avant.

ROI DU RANGEMENT

Je suis en train de le chercher dans mes affaires, ne m'attendez pas...

Excuse réservée aux élèves officiellement désordonnés.

CASSE-COU

Vous vous trompez, vous ne l'aviez pas donné à faire...

Arrangez-vous d'abord avec les autres élèves pour qu'ils disent la même chose.

MERCI, LES PARENTS

Mes parents n'ont pas pu m'expliquer, car ils n'ont pas compris le travail...

Ça se réglera à la réunion parents/profs.

ESCARGOT PRESSÉ

Je suis en train de le finir...

Commencez quand même votre travail et espérez que le prof passera à quelqu'un d'autre.

VIE D'ENFER

J'étais trop fatigué par ma journée de classe.

Des cours de théâtre vous aideront sûrement à améliorer votre technique.

DOMMAGE POUR MOI

Quelqu'un me l'a pris (volé, abîmé ou perdu) !

N'hésitez pas à faire mordre votre cahier par votre lapin.

PAS LE CHOIX

Mes parents m'ont obligé à aller chez l'oncle Albert...

La difficulté est de faire croire qu'il n'y avait pas de place dans un sac pour les affaires d'école.

FIL D'ARIANE

J'ai perdu le travail, que j'avais pourtant fait...

Attention, vous risquez d'avoir à le refaire.

PAUV' PETIT CHÉRI

Mes parents ont trouvé que j'avais beaucoup trop de travail...

Si vous réussissez l'exploit d'avoir un mot de vos parents, pas de souci...

À titre préventif

Ces excuses bidon valent au mieux un mot dans le carnet de correspondance à faire signer par les parents, au pire un zéro et/ou deux heures de colle. Ça donne à réfléchir...

• À chacun son style •

Il y a mille façons d'être un collégien ! Et chacun, avec ses qualités et ses défauts, a quelque chose à apporter aux autres et à la vie de sa classe. Quelle richesse !

UNE ÉLÈVE AU TOP

impressionne par son organisation. Vous avez oublié un truc ? Adressez-vous à elle, elle a sûrement des tas d'affaires en double. Mais n'en abusez pas : elle n'est pas cruche et a horreur de passer pour la bonne poire de service.

Les profs l'aiment bien pour son respect des consignes, qui en fait une élève facile et de confiance.

UN ÉLÈVE FARFELU

amuse par son léger laisser-aller. Très fort dans son genre, il arrive à stresser les autres par ses propres oublis, ses confusions ou ses retards. Méfiez-vous : on l'imagine volontiers fainéant, mais, quand il s'y met, il est réactif, intelligent, parfois même surdoué.

Finalement, les profs l'aiment bien aussi parce qu'ils peuvent toujours compter sur lui pour une remarque un poil décalée ou un trait d'humour qui va réveiller une classe endormie.

• Les camarades de classe •

Camarades, c'est une façon de parler. Ça ne veut pas dire qu'ils seront tous vos potes. Mais, tout de même, vous allez vivre ensemble cette vie de classe de façon rapprochée pendant un an. Alors, créer un état d'esprit favorable est précieux.

Une classe qui fonctionne mal…
Elle est constituée de groupes d'élèves qui se tirent dans les pattes et passent leur temps à se critiquer vivement. État d'esprit de requins tueurs…

Dans une bonne classe…
Un esprit de groupe s'est constitué, et c'est une force à tous points de vue :

- Trop de devoirs le mardi soir ? L'unanimité de la classe à faire porter sa voix auprès des professeurs sera convaincante. Elle les poussera à réfléchir à une meilleure répartition du travail sur la semaine.
- La « tête de classe » est ce petit lot d'élèves aux excellents résultats. Un bon état d'esprit fera qu'ils créeront une dynamique de groupe, une émulation favorable, c'est-à-dire l'envie chez d'autres de donner le meilleur d'eux-mêmes. Ça compte !
- Celui-ci n'est pas vraiment le copain de celui-là, mais, si l'un demande un conseil à l'autre, l'esprit d'entraide ira au-delà des divergences. Bravo, bel esprit !

Pire que tout…
N'enfoncez pas les prétendus mauvais élèves et abstenez-vous de tout jugement blessant et caricatural. Leur échec scolaire est souvent lié à des difficultés personnelles importantes. D'ailleurs, rien n'est encore joué : on a déjà vu les derniers de la classe devenir les premiers dans la vie professionnelle.

Hé, les 6e ! Ne vous laissez pas impressionner par les 3e, juste parce qu'ils font deux têtes de plus que vous !

• Petits stress et angoisses possibles •

J'ai tendance à rougir dès qu'on m'interroge. Je crois que ça va être pire encore au collège.

Pour prendre un peu d'assurance...
→ page 76.

Je sais que le collège envoie le bulletin de notes par la poste (même pas moyen de l'oublier au fond de son sac...), et là, faut s'expliquer avec ses parents. Bonjour l'angoisse...

C'est vrai, c'est le moment de faire le point. Mais ne dramatisez pas : vos parents connaissent déjà vos points forts et vos faiblesses.
→ Plus d'infos page 79.

Rien ne me fait peur, surtout pas le collège ! Je vis des trucs carrément plus flippants en jeu vidéo...

À ce sujet, pensez à gérer votre fatigue cyberintellectuelle.
→ Explorez la page 85.

Et si ça démarrait mal ?

Après avoir eu les doigts de pied en éventail tout l'été, tadaaam… c'est l'entrée en 6e ! Génial, et en même temps vous avez la pression. Comme votre entourage vous l'a assez rabâché, on attend beaucoup de vous. Alors, soudain, des doutes surgissent…

Et si vous aviez tout oublié pendant les grandes vacances ? Et si tout s'était mélangé en bouillie dans votre tête ? Et si, en fait, vous aviez tout appris de travers à l'école primaire ? Et si vous étiez victime d'un énorme bug cérébral ? Et si… ? Et si… ? Et si… ?

Stoooop! Pas d'affolement, ni de cauchemars ! La classe de 6e commence par une grande série de révisions. Vous aurez donc le temps de vous adapter calmement à la vie de collégien et de vous remettre au travail. Et maintenant, si vous vous décontractiez un peu pour profiter du meilleur de l'entrée au collège ?

Vous craignez que des difficultés rencontrées en primaire ne refassent surface au collège ? Sachez que **rien n'est jamais irrattrapable** à condition de fournir les efforts nécessaires. Profitez de cette rentrée toute neuve pour vous accrocher et, dès qu'un problème se pose, n'attendez pas pour aller voir vos profs ou en parler à vos parents.

• Le top des stress de la rentrée •

C'est prendre pour la première fois
le bus de la ville pour se rendre au collège.

Exercice obligatoire de prérentrée :
effectuez le trajet aller et retour avant le jour J! Il ne s'agit pas de descendre à la patinoire plutôt qu'au collège. Ça ne le ferait pas...

Ah, la joie des transports en commun! Stressant ? Le premier jour peut-être, mais dès la fin de la première semaine vous trouverez ça trop cool. Alors, accrochez-vous à la barre, c'est parti pour quatre ans!

• C'est de la triche, et alors ? •

Allez, maintenant, avouez !

- ☐ Oui, vous avez déjà été tenté de réaliser une astucieuse antisèche censée vous sauver de la mauvaise note. Planquée dans une chaussure, dans un capuchon de stylo, dans l'étui d'une gomme, c'était loin d'être évident...
- ☐ Oui, lors d'un contrôle, vos yeux ont déjà louché dangereusement vers la copie de votre voisin...
- ☐ Oui, vous avez déjà été tenté d'entrouvrir un livre ou un cahier pour trouver une réponse lorsque votre prof avait le dos tourné.
- ☐ Oui, lors d'un contrôle, vous avez cherché une solution sur Internet via votre Smartphone.

Est-ce bien normal, docteur ?
Oh que oui ! C'est presque inévitable. Un petit coup de mou, et on pense que ce sera bien moins fatigant de tricher en douce plutôt que d'apprendre sa leçon ou de faire marcher son cerveau. Seulement, vous l'aurez certainement constaté si vous avez déjà fait des tentatives : tricher, c'est stressant au possible ! Et si vous vous faisiez attraper ? Rien que l'idée vous fait trembler des genoux... Au final, vous pétochez, vous vous affolez, vous n'arrivez plus à vous concentrer, et, ce qui est sûr, c'est qu'à la fin, même avec les bonnes infos, vous aurez raté votre devoir... À méditer !

• Interrogé au tableau •

Deux explications possibles à cette situation : soit cet élève a la grippe avec 40 de fièvre (d'ailleurs, il ne va pas tarder à tomber dans les pommes), soit il subit un stress intense qui lui fait perdre tous ses moyens. Si vous vous reconnaissez dans cette seconde possibilité, faites le bilan que voici : **cochez chaque fois que vous vous sentez concerné...**

- ❑ Rien que l'idée de lever la main vous donne les mains moites.
- ❑ Sitôt que vous prenez la parole, vous sentez le chaud vous monter aux joues.
- ❑ Le regard des autres vous met aussi mal à l'aise que si vous étiez à poil devant tout le monde.
- ❑ Au moment où vous ouvrez la bouche, vous avez tendance à oublier ce que vous vouliez dire.
- ❑ Quand vous parlez, personne n'entend rien à part votre voisin de table.
- ❑ Finalement, vous comptez sur la participation des autres pour qu'on vous oublie...

Plus d'une croix ? Tournez la page.

• Osez ! •

Soyons honnête, vous ne vaincrez pas une grande timidité ou une profonde réserve naturelle du jour au lendemain. La confiance en soi se travaille et se construit peu à peu, au fil des années. Mais, sans avoir pour ambition de tenir des discours de ministre, si vous avez décidé de faire mieux à l'oral, amusez-vous aux expériences suivantes.

À la maison, travaillez votre éloquence…

- Pour vous entraîner à vous retrouver dans une situation inhabituelle, montez sur une chaise et déclamez devant un public invisible un petit texte à voix haute.
- Pour vous habituer à parler haut et fort, forcez votre voix jusqu'à parler très fort. **Et puis, AR-TI-CU-LEZ !**
- Pour vous mettre en condition, imaginez que vous êtes devant les élèves de votre classe et – pourquoi pas ? – **essayez de vous la péter un peu pour une fois** !
- Pour vous décontracter, lisez un texte en marchant, en faisant des moulinets avec un bras puis l'autre, en bombant le torse, en levant la tête, en faisant des grimaces. Bâillez, ouvrez grand les yeux et la bouche… Il faut absolument éviter de vous ratatiner !
- Pour travailler votre articulation, placez un crayon entre vos incisives et tentez de parler distinctement.
- Parler en public, c'est parler plus fort mais aussi plus lentement : inspirez entre deux phrases, ou encore comptez « 1, 2 ».

Renouvelez ces exercices en vous amusant autant que possible ! Dans votre chambre, vous ne craindrez pas le ridicule.

Se mettre en condition

Moins vous participerez à l'oral, et plus ce sera stressant. La bonne stratégie : forcez-vous à prendre la parole quand vous connaissez la réponse. Le prof aura alors tendance à vous laisser plus tranquille.

En cours, restez zen…

- N'attendez pas que le prof demande s'il y a des questions pour en chercher une. Pensez-y pendant tout le cours. Vous finirez par en trouver une qui vous aidera à participer.
- Au moment de prendre la parole, rappelez-vous absolument : **surtout, pas de précipitation**!
- Fixez votre concentration sur ce que vous souhaitez dire. **Évitez de penser à vous-même** : vous perdriez toute votre confiance en moins d'une seconde!
- **Participer à l'oral** peut donner l'impression de se jeter à l'eau sans savoir nager. Heureusement, cette sensation horrible s'estompe bien vite, à condition de ne pas attendre quinze jours avant de renouveler l'expérience…
- Vous rougissez au moment de parler? Pas la peine d'essayer de le cacher, tout le monde l'a vu. Souriez-en et avouez à vos amis votre timidité. Ça vous vaudra un **capital sympathie**, car peu de gens sont à l'aise à l'oral.
- Le prof vous reproche votre mutisme : parlez-lui de votre difficulté à prendre la parole. S'il est malin, il vous encouragera et vous aidera à **être en confiance**.
- **Fixez-vous des objectifs** comme « participer une ou deux fois par jour », pour commencer.
- Vous trouvez que votre intervention était « bafouillante ». Soyez positif : **c'est déjà très fort de l'avoir fait**. Vous avez une marge de progression énorme : vous ne pouvez que vous améliorer!

• Il n'y a pas que les notes •

Vos notes seront en quelque sorte la météo de votre année scolaire : grand beau temps de bonnes notes ? Légèrement couvert avec quelques 8/20 à l'horizon ? Orages de notes au-dessous de la moyenne ?... Évidemment, vos parents y accordent une importance capitale. Pourtant, il faut savoir relativiser. Tout n'est pas dit à travers les notes. D'ailleurs, les appréciations de votre bulletin tiendront compte de **votre comportement général** et de **votre investissement dans le travail**. Soyez-y très attentif : elles détiennent souvent les recettes d'une bonne progression.

Une mauvaise note ?

Attendez avant de fondre en larmes ! Ça ne veut pas dire que c'est le début d'une série infernale. Révisions insuffisantes ? Leçon mal comprise ? Petites erreurs qui finissent par coûter cher ? **L'important est de faire une bonne analyse des problèmes rencontrés pour pouvoir vous rattraper la prochaine fois.**

• Le bulletin de notes dans la boîte aux lettres •

C'est malheureux à dire, mais l'arrivée à la maison du bulletin de fin de trimestre est toujours un sujet de stress. Il a une incidence immédiate sur la bonne humeur générale...

Sur le fameux bulletin de notes, on trouve :

- Votre moyenne personnelle pour chaque matière ainsi que la moyenne générale de la classe, la moyenne la plus haute et la plus basse. Vous pourrez ainsi vous situer.
- Chaque prof y fait ses remarques sur votre travail, votre attitude générale, vos résultats. Le principal du collège, ou son adjoint, ajoutera son commentaire.

Ce qui est en jeu principalement (au-delà de votre argent de poche et de votre accès à l'ordinateur...) :

- Votre passage dans la classe supérieure.
- Les récompenses qu'on voudra bien vous attribuer : encouragements, compliments, félicitations, mais aussi avertissements de travail ou de comportement...

Arts plastiques : 12/20.
Des idées très créatives par milliers ! Hélas, en pratique, l'investissement est plutôt léger.

Anglais : 15/20.
Mat' parle beaucoup, mais le plus souvent en français. Dommage...

Observation du conseil de classe :
excellent trimestre. Prenez confiance à l'oral. Félicitations !

Sciences et vie de la Terre : 18/20.
Élève motivé qui a le goût des sciences. Bravo pour la dissection du cœur de volaille.
Français : 15/20.
Travail correct. Notez que vos progrès ne viendront pas à force de recompter vos points en moins...

Mathématiques : 17/20.
Travail irréprochable avec beaucoup d'implication.
Anglais : 19/20.
Excellent travail, très sérieux. *Warmest congratulations !*
Éducation physique et sportive : 16/20.
Bon investissement. Pensez à respirer entre deux foulées !

Histoire-géographie : 15/20.
Bons résultats malgré des bavardages incessants qui profitent à toutes les voisines de table.
Anglais : 16/20.
Bon accent américain. Continuez à regarder vos séries télé en version originale !

Observation du conseil de classe :
malgré des oublis fréquents de matériel, Jules réussit bien. Compliments.

• À choisir, vaut-il mieux être le premier ou le dernier de la classe ? •

À vrai dire, on ne choisit pas. Mais a priori mieux vaut être le meilleur, non ?

Oui, mais on passe pour l'intello de service et on agace les autres par des facilités qui semblent tombées du ciel. Et mieux vaut ne pas avoir à demander de l'aide, car, là, bonjour l'accueil…

Premier ou dernier, on est souvent montré du doigt, caricaturé, stigmatisé. Et, ça, c'est spécialement difficile à vivre et à gérer. Pensez-y et n'accablez pas de jugements sévères les élèves concernés. Après tout, personne n'est à l'abri de se retrouver un jour dans l'une ou l'autre de ces situations !

Un problème avec un prof ?

Des tensions, des accusations que vous jugez injustes, des défiances, bref, il y a de l'électricité dans l'air entre vous et l'un de vos profs. Ça peut arriver. Mais comment rétablir une confiance perdue ? Souvent, il s'agit d'un simple problème de communication.

Comment vous y prendre ?

- Vous vous en sentez le courage : **allez voir directement le prof en question** pour essayer de comprendre ce qu'il vous reproche. Attention, n'essayez pas d'avoir raison coûte que coûte contre lui, sans entendre ce qu'il a à vous dire. Ça aurait pour conséquence d'aggraver la situation.
- Aller voir le prof ?! C'est au-dessus de vos forces... Vous pensez d'ailleurs que ça ne servirait à rien. **Choisissez d'en parler avec vos parents ou avec votre professeur principal.** Ils vous aideront à y voir plus clair et vous serviront éventuellement d'intermédiaires. Dans tous les cas, ne laissez pas une situation qui vous pèse perdurer et s'aggraver.

Attention

Vous ne pouvez pas leurrer vos professeurs, c'est-à-dire leur faire croire une chose qui n'est pas vraie.
Par exemple, vous ne pouvez pas leur jurer que vous passez deux heures tous les soirs à faire vos devoirs si vous n'y consacrez pas dix minutes. Ce serait se moquer d'eux...
Soyez de bonne foi, sincère et objectif avec vous-même !

RÉCLAMATION !

Un élève de 3e souhaite absolument intervenir pour une recommandation très précise à l'attention des jeunes collégiens.

KEVIN :

"Lorsque la sonnerie signale la fin du cours, on n'a qu'une envie, c'est de sortir vite fait ! C'est humain, non ? Mais, attention, c'est là le piège : ne faites jamais mine de ranger vos affaires si le prof ne l'a pas dit. Y a rien de pire pour l'énerver ! Attendez toujours qu'il donne le signal de la fin du cours, même si ça a déjà sonné. Sinon, il est capable de vous faire la morale pendant toute la récré et de vous coller un mot à faire signer dans votre carnet de correspondance ! Trop moche. Franchement, faites gaffe, car on se fait tous prendre un jour ou l'autre..."

• Y a pas que les cours •

Au collège, c'est génial, on change de salle toutes les heures. Qu'est-ce qu'on va s'éclater dans les couloirs !

Houla ! Attention, les déplacements à l'intérieur de l'établissement doivent se faire dans le calme, sans cavaler comme des lapins. L'équipe de la vie scolaire sera là pour y veiller !

Le rôle de cette équipe page 92.

Il paraît qu'au collège on attrape des heures de colle ?

Pas toujours, heureusement.

On en parle page 96.

Pendant les heures de permanence, on ira à la boulangerie s'acheter des bonbons ! Trop bien.

Pas si facile de sortir du collège juste pour une heure...

Voyez page 102.

À la récré, respirez !

Se tenir à carreau ; rester assis une heure, parfois deux ; être sérieux autant que possible, attentif ; ne pas bavarder avec ses potes... lorsque arrive la récré, ouf, il est temps de souffler et de relâcher la pression !

La cour des grands !
Bien sûr, oubliez les billes, les cartes à collectionner et la corde à sauter. Il fallait bien que ça s'arrête un jour !

Lorsque la taille de la cour le permet, des parties de foot sont autorisées à la récré. Certains collèges sont équipés en tables de ping-pong. Si c'est le cas, vous êtes chanceux, profitez-en ! Vous êtes du genre bavard ? Videz votre sac à la récré, c'est le moment ou jamais. Mais, en bon copain, sachez aussi écouter les autres.

C'est une grande qualité. Néanmoins, retenez que le moment de la récré ne doit pas servir à réviser ses leçons ou à s'avancer sur les devoirs du lendemain. Pour maintenir une bonne concentration, il faut aussi prendre le temps de se détendre. Travaillez donc votre sociabilité : ça compte!

La récré est le bon moment pour se faire des copains. Lancez-vous en vous rapprochant des élèves de votre classe. Soyez souriant et ne la ramenez pas sans arrêt. Il faut laisser aux autres le temps de s'habituer à vous pour vous « adopter ».

Faut-il gober tout ce qui se dit à la récré ?

Quelques-uns ont vraiment la tchatche, et d'autres beaucoup d'imagination. Le tout cuit et recuit dans la marmite bouillonnante qu'est la cour de récré, et ça se transforme en histoires à n'en plus finir. Prudence! Les on-dit et les « Y paraît... » ont tendance à se déformer et à s'amplifier. Et là, bonjour les embrouilles! Rappelez-vous qu'il faut toujours prendre un peu de recul sur tout ce qui se raconte.

Ce n'est pas galant et c'est très mal vu : les garçons qui tapent sur les filles

Et les filles, elles, peuvent-elles s'exercer à des prises de judo ou de taekwondo sur les garçons en toute impunité ? Non, pas davantage. Toute violence est strictement interdite au collège. Attention, pluie de punitions sévères à prévoir...

Pour être prévenu : page 96.

• Pour assurer à la récré •

Cochez ce qui vous semble indispensable :

- ☐ Faire partie d'un groupe d'au moins cinq copains.
- ☐ Garder les mêmes super amies toute l'année.
- ☐ Porter des fringues stylées avec une nouveauté par semaine (au minimum).
- ☐ Avoir un avis sur tout, sur tout le monde, et surtout sur les embrouilles des autres.
- ☐ Ne pas se laisser faire, quitte à mettre une baffe.
- ☐ Être pote avec des élèves plus grands que soi.
- ☐ Ne pas aller couiner auprès d'un surveillant parce qu'on se fait embêter (la honte).

Résultat : zéro réponse valable… il faudrait savoir exactement ce que veut dire *assurer à la récré*. En tout cas, pas la peine de s'inventer une personnalité délirante. Choisissez d'être vous-même avant tout, c'est ce qui vous va le mieux !
C'est vrai qu'on ne doit pas se laisser faire, mais interdit de se battre ou de couvrir d'insultes votre ennemi du moment ! On s'explique, et, si on n'arrive pas à tomber d'accord, « on se cause plus ». Après tout, on n'est pas obligés de rester copains toute la vie.

À quoi reconnaît-on un surveillant ?

Le surveillant est plus vieux que vous, bien sûr. Mais ça ne saute pas toujours aux yeux!

Ici, à gauche, il s'agit d'une étudiante qui poursuit ses études tout en travaillant au collège à temps partiel.

- Vous serez peut-être autorisé à l'appeler par son prénom.
- Elle n'est pas qu'un gendarme à la récré. Elle sait aussi être à l'écoute des problèmes des élèves.
- Il n'y a pas si longtemps, elle était encore collégienne. Alors, entre nous, n'espérez pas l'embobiner avec des excuses bidon.

Une partie de cache-cache avec elle?
S'il vous prend la fameuse idée de traîner dans les couloirs du collège, vous ne lui échapperez pas : jeune et vive, elle a les mollets affûtés et connaît bien mieux l'établissement que vous!

De vrais méchants ?

Souvent, les surveillants crient très fort et n'ont pas l'air cool. À vrai dire, ils doivent savoir se faire entendre et respecter par cette bande de jeunes chiens fous que sont les collégiens!

L'équipe de choc de la vie scolaire

On nomme communément *vie scolaire* tout ce qui a lieu en dehors des cours. Ce n'est pas une petite affaire... D'ailleurs, sans l'équipe de la vie scolaire, le collège marcherait sur trois pattes, c'est sûr.

C'est le CPE, conseiller principal d'éducation, qui encadre cette équipe de choc composée d'assistants d'éducation, plus souvent appelés *surveillants*. Ils sont ultrapolyvalents et à l'affût de tout ! Qu'on se le dise, ils ont des yeux derrière la tête...

Quel est exactement le rôle des surveillants ?

- **Votre sécurité** est leur grande priorité et responsabilité. Ils sont présents partout pour veiller à ce que tout se passe bien, dans le respect de chacun.
- Ils ne manqueront pas de vous rappeler et de vous faire respecter **les règles du savoir-vivre ensemble**, qui s'appuient sur le règlement intérieur du collège. La vie en collectivité n'est pas toujours évidente.
- Vous vous êtes blessé ? Vous vous sentez mal ? Ils décident de la conduite à tenir : faire intervenir l'infirmière (il n'y en a pas dans tous les établissements), prévenir vos parents, ou même appeler les pompiers en cas d'urgence médicale.
- Vous êtes absent ? Un surveillant a déjà décroché le téléphone pour s'enquérir auprès de vos parents de ce qui vous empêche de venir au collège.

Le bureau de la vie scolaire : on y va pour quoi ?

Arrivé en retard ? Absent la veille ? Il faut le justifier. Des mots dans votre carnet de correspondance seront à remplir et à faire valider à ce bureau.

- Une discussion dégénère dans la cour et se transforme en bousculade, voire en bagarre. Heureusement, ils sont là pour **calmer tout le monde** !
- On se moque régulièrement de vous, vous vous sentez harcelé ? Pas d'hésitation : parlez-en aux surveillants. Ils mettront fin immédiatement à cette situation insupportable qui ne doit pas perdurer.
- Les surveillants sont présents en salle de permanence pour **maintenir le calme**. C'est le moment parfait pour vous avancer dans vos devoirs.
- Vous les verrez aussi **surveiller** les entrées et sorties du collège.
- Certains sont en charge de **l'aide personnalisée**, réservée aux élèves en difficulté scolaire.
- **L'organisation** générale du collège, comme la distribution des livres ou l'attribution des casiers, dépend également des surveillants.
- L'organisation de rencontres, d'expositions, de discussions peut aussi être gérée par l'équipe du **bureau de la vie scolaire**, dans le cadre du CESC (comité d'éducation à la santé et à la citoyenneté).

Décidément, ce n'est pas demain la veille qu'on verra cette équipe se croiser les bras !

L'incontournable de la récré

Celui-là n'est pas le premier en classe, il n'a pas un look ultragénial, il n'est pas si beau gosse que ça, et pourtant il mène la grande vie à la récré. Dès le premier jour il a déjà sa bande de potes, et le deuxième jour cinquante filles sont amoureuses de lui. Mais comment fait-il ?!

Il a beau être très moyen en histoire-géo, ce caïd de la récré est le roi de la stratégie guerrière, et gare à celui qui n'est pas d'accord avec lui... Ça en séduit certains autant que ça en effraie d'autres. Les surveillants l'ont à l'œil, forcément. Pour le fréquenter, il vaut mieux avoir un sens prononcé des limites à ne pas dépasser. Lorsqu'il est absent pendant trois jours, d'un seul coup il y a un grand vide dans la cour du collège. C'est comme ça qu'on sait qu'il est devenu incontournable !

Au collège, c'est qui le plus fort ?

Trois propositions :

- ❑ Monsieur le principal, directeur du collège, celui qui traverse toujours la cour avec son air hypergrave ?
- ❑ Le CPE, conseiller principal d'éducation, toujours au courant de tout ?
- ❑ Le prof de gym, celui qui a les muscles des bras plus gros que vos deux cuisses réunies ?

Réponse : aucun des trois, les amis ! Le chef, le plus fort, le grand maître auquel tout le monde se réfère, c'est le règlement intérieur !
Il est inscrit noir sur blanc dans votre carnet de correspondance. Vous et vos parents aurez à le signer dès la rentrée. Mieux vaut le lire soigneusement, car ce n'est pas du blabla, et, une fois signé, vous ne pourrez plus dire que vous n'étiez pas au courant.
Le règlement intérieur parle de **respect d'autrui, d'esprit de tolérance, des droits des élèves et surtout de leurs obligations**.
De façon plus concrète, il précise **les horaires, les règles de sécurité, les objets interdits, l'usage du téléphone portable**… Rien n'a été oublié.

Et si jamais, sans faire exprès, on ne le respecte pas ?

Il faudra prouver votre bonne foi.
Sinon, rendez-vous à la page suivante…

• La panoplie complète des punitions •

Toute attitude ne respectant pas le règlement intérieur sera sanctionnée.

De la sanction la plus « gentille » à la plus sévère :

- **La remontrance verbale** (mais on ne vous le répétera pas trois fois...).
- **La croix dans le carnet de correspondance :** avec une collection de trois ou quatre croix, vous aurez la joie de goûter à deux heures de colle.
- **Le mot dans le carnet** à faire signer par les parents.
- **L'exercice ou le devoir supplémentaire.**
- **Les célèbres heures de colle**, appelées aussi *heures de retenue*, qui vous feront rester au collège, en général le mercredi après-midi. Comme elles marchent par deux, votre demi-journée de détente sera vraiment fichue. Ça vous laissera tout de même le temps de méditer sur vos erreurs...

Allez, souriez ! La majorité des élèves font toute leur scolarité au collège en récoltant seulement une ou deux croix dans leur carnet.

À taaaable !

Le collège a cette joyeuse réputation de disposer d'un super self-service vraiment excellent. On imagine volontiers que le choix des plats est vaste, un peu comme les « buffets à volonté » des bons restaurants : viandes au choix, légumes en tout genre et desserts à gogo. Vous n'aimez pas les haricots verts ni les épinards ? Pas de problème, il y a des frites !

You hou ! Redescendez sur terre ! Ce n'est pas ça, le self de la cantine. Vous vous servez vous-même, c'est une chose. Mais rendez-vous compte : une restauration scolaire sert au minimum 400 repas par jour, et pour les plus grands collèges ça peut aller jusqu'à plus de 2 000 repas, pour un prix plutôt bas. Alors, le choix des plats et des desserts sera limité, et la qualité calculée au plus juste. **Bonne nouvelle :** les menus sont composés de façon à ne pas être trop gras. Exemple : frites et cordon-bleu pas plus d'une ou deux fois par mois...

Au réfectoire, ça circule, ça entre, ça sort, ça rit, ça fait tomber son plateau, ça rote... bref, c'est une ambiance très agitée et bruyante. Alors, optimisez votre comportement :

- Dites bonjour et merci aux dames et messieurs de la cantine. C'est le minimum.
- Servez-vous de vos couverts. C'est plus classe...
- Même si vous mourez de faim, ayez la délicatesse de ne pas vous bâfrer comme un goret. Il y va de votre réputation.
- « On ne joue pas avec la nourriture », comme dit mémé Lucienne, qui a bien raison.
- Et, enfin, mangez ! Et ce même si certains plats ne sont pas tout à fait à votre goût. Vous ne tiendrez pas une bonne concentration tout l'après-midi avec le ventre vide.

Question de savoir-vivre
Maintenez propres le réfectoire et votre table de déjeuner.

Le microcosme* des toilettes

Ah, les toilettes... Si elles n'existaient pas, il faudrait les inventer de toute urgence ! Car, au-delà de l'usage « classique » qu'on en fait (pas besoin d'un dessin), c'est un lieu de vie sociale intense ! La preuve, voici ce qu'on y trouve au quotidien...

- Le fameux atelier remaquillage ou rhabillage. Notons que l'atelier coiffure est très en vogue aussi chez les garçons. (Eh oui, une coupe qui va bien, ça se travaille.)
- Le salon des ragots et des confidences, même si, prudence, les murs des toilettes ont des oreilles.
- Le défouloir spécial crises de fou rire nerveux ou de larmes pour les cœurs brisés.
- La cabine spéciale coups de fil qui ne peuvent pas attendre.
- Le coin radiateur, très prisé par grand froid.
- La planque pour éviter la permanence.
- L'atelier guirlandes à base de papier-toilette...

Bien moins agréable et terriblement sanctionné :

- Le lieu d'expériences sur les différentes façons possibles de boucher les toilettes.
- L'endroit où les graffitis fleurissent sur les murs comme les heures de colle qui tomberont sans pitié si un surveillant vient à faire irruption...

Attention

On a déjà vu des élèves passer en commission disciplinaire et être exclus plusieurs jours du collège pour avoir commis des dégradations.

* Un microcosme est un petit monde social qui s'organise selon ses propres règles. Rien à voir, donc, avec les microbes et les bactéries, pourtant nombreux en ce lieu.

Astuce propreté
Plus simple et plus pratique, vous pouvez utiliser des lingettes ou de petits gels désinfectants.
Avoir les mains propres, l'air de rien, c'est la classe.

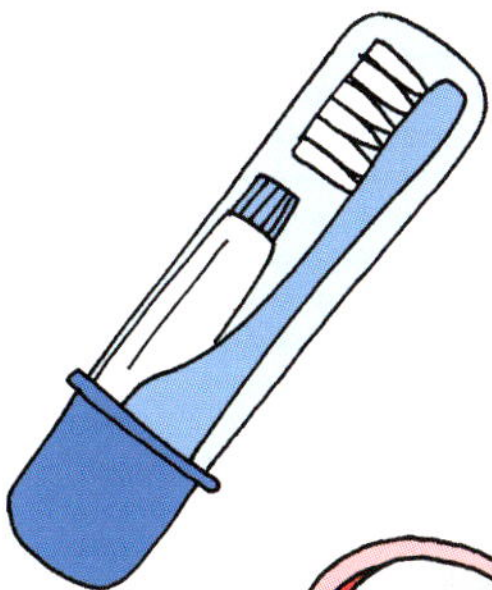

Et qu'ça brille!
En revanche, ne ratez surtout pas le lavage des dents du matin et du soir pour vous préserver d'une haleine de chacal qui ferait fuir vos copains et grimacer vos voisins de table...

Et si vous vous laviez les mains ?
80 % des bactéries infectieuses se propagent par les mains. Certes, le collège est un lieu d'échanges intenses, mais pas la peine de se refiler les rhumes ou les gastros qui donnent des... beurk, bref, passons les détails.
La meilleure protection est de se laver les mains avec du savon. Tout le monde sait ça, et pourtant rares sont ceux qui pratiquent vraiment cette règle d'hygiène de base.

Mission impossible : se laver les dents
Inadapté à la vie de collégien. Il faut pourtant bien éliminer le bout de salade coincé entre vos dents de devant, surtout si vous avez un appareil dentaire.
Une brosse à dents pliable et un petit miroir, faciles à glisser dans une poche de votre sac, pourront vous sauver la vie.
Oubliez le chewing-gum sans sucre, qui est interdit au collège : indépendamment de vous donner l'air intelligent d'une vache qui broute, il est immanquablement collé n'importe où. Et, ça, ça ne plaît pas du tout...

Entre midi et deux, ça bouge !

Le jeune collégien est un être vif et frétillant, d'une insatiable curiosité. Le collège l'a bien compris et met tout en œuvre pour valoriser ces belles qualités. Alors, à l'heure du déjeuner, ne craignez pas de vous tourner les pouces...

Bienvenue au CDI ! C'est le centre de documentation et d'information, autrement dit la bibliothèque. Il est riche de toutes sortes d'ouvrages spécialement adaptés à votre âge, vos attentes, vos besoins. Ce serait vraiment étonnant que vous n'y trouviez pas un livre qui vous plaise. Vous pourrez vous y rendre à l'heure du déjeuner ou pendant vos heures de permanence. C'est un lieu calme et enrichissant. Dernier argument pour vous convaincre d'aller y faire un tour : l'hiver, le CDI est bien mieux chauffé que la cour de récré !

Vous aimeriez lire un ouvrage en particulier ?

Le CDI achète de nouveaux livres régulièrement et est très à l'écoute des attentes de ses lecteurs-collégiens.

Sans doute, oui, même si au CDI on trouve aussi toutes sortes de livres et de magazines sur les sciences et le sport.

Erreur ! Très complets et mieux développés, les livres sont indispensables. De plus, ça vous évitera de faire le même copier-coller que la majorité des élèves de votre classe. Au CDI, le professeur-documentaliste sera présent pour vous aider dans votre recherche et dans la construction de votre devoir ou de votre exposé. La bonne note assurée !

Les clubs du midi

L'heure du déjeuner est aussi le moment des animations : club journal, club cinéma, club BD, club théâtre, danse ou chorale, c'est l'occasion de se détendre avec des activités sympas. Voyez ce que propose votre collège, mais sachez que vous pouvez suggérer des idées! Parlez-en à votre CPE.

L'UNSS (Union nationale du sport scolaire)

Les profs de sport vous attendent le mercredi après-midi pour des activités très variées telles que le cross, le VTT, le volley-ball, le ping-pong... Des compétitions intercollèges sont organisées. L'inscription à l'UNSS est très peu chère. Renseignez-vous dès la rentrée!

S'informer

À disposition également, des livres sur les différents métiers et les orientations possibles pour votre avenir.

Le collège : accès très privé

On n'entre pas au collège comme dans un supermarché. De plus, on n'en sort pas aussi facilement qu'on y est entré !

Même si on vous autorise une plus grande liberté de mouvement qu'en primaire, vous ne serez pas encore libre comme un oiseau. Dommage ? À vrai dire, il est question de votre sécurité, dont le collège est responsable.

- L'accès à certains établissements est parfois contrôlé par une carte que vous validerez à chaque entrée et sortie. Mais, pour la majorité des collèges, il vous faudra présenter votre carnet de correspondance aux surveillants présents à la grille du collège.
- Vous finissez à 15 h 30 ? On ne vous laissera certainement pas sortir avant.
- Vous avez une heure de permanence ? N'envisagez pas une virée à la boulangerie si vous n'avez pas un mot dûment rempli par vos parents et tamponné par le bureau de la vie scolaire.

Au lycée, vos entrées et sorties seront libres. Néanmoins, pas question de rater un cours : l'appel est effectué à chaque heure, et, en cas d'absence, un SMS est envoyé aux parents. Ne voyez pas ça comme une surveillance façon police nationale, mais bien comme un encouragement à ne pas vous laisser distraire dans vos études par mille tentations possibles...

Sorties scolaires et voyages de par le monde

Ce sont les professeurs qui ont l'initiative des sorties avec leurs élèves. Mais aucune obligation à ça. Autant dire que, si la classe a tendance à mal se tenir, si elle est bruyante et désordonnée, si certains élèves ne respectent pas les consignes, les profs seront peu tentés d'organiser des voyages ou des visites...

Au moment des sorties à l'extérieur du collège, l'impératif est de respecter absolument les consignes données. Le fait d'être en groupe a tendance à faire oublier les règles les plus élémentaires de sécurité et de savoir-vivre...
Consignes non respectées = prochaines sorties annulées.

Si vous êtes chez l'habitant :

- Vous aurez enrichi votre vocabulaire de tous les mots de **politesse** dans la langue du pays et vous n'hésiterez pas à en faire usage. Mieux vaut être trop poli que pas assez...
- Vous **ne laisserez pas traîner** vos chaussettes sales ni vos affaires personnelles partout dans la maison.
- Vous **rincerez la baignoire** d'un bon coup de jet d'eau après utilisation.
- Votre **participation orale** sera la bienvenue. Lâchez-vous : vous avez sûrement un délicieux accent français qui fera craquer tout le monde !
- Apportez **un petit cadeau** à votre famille d'accueil, c'est l'usage.
- **Appelez vos parents** au moins une ou deux fois pendant votre séjour. Ils n'en mènent pas large de vous savoir à l'autre bout du monde (ou presque)...
- Un problème particulier ? Votre prof accompagnateur est là pour vous aider. **N'hésitez pas** à lui en parler.
- À l'étranger et en groupe, **ne laissez pas penser** que les Français sont de gros lourdauds, bruyants et mal élevés. On vaut mieux que ça quand même !

• Le meilleur comme le pire •

On m'a dit qu'au collège ça draguait drôlement. Moi, les filles, ça ne m'intéresse pas du tout.

Méfiez-vous, vous pourriez bien changer d'avis dans pas si longtemps…
Étudiez donc la page 108.

Je ne pourrais jamais survivre sans Internet ! C'est là que je discute avec toutes mes copines.

Sinon, il y a aussi la cour de récré pour papoter…
Quelques mises en garde sur l'utilisation d'Internet page 111.

C'est au collège qu'on commence à fumer. C'est obligé.

En effet, oui, mais ce n'est surtout pas obligé. Quelle horreur !
Voyez les conséquences pas cool page 109.

• L'amoureux •

L'élève récemment tombé amoureux a souvent du mal à se l'avouer.

Sa concentration générale en prend un sacré coup : quoi qu'il fasse, il est à côté de la plaque et fait tout à moitié. En cours, il n'écoute qu'une minute sur deux, et ses notes s'en ressentent sévèrement. Il est tout le temps dans la lune et ne s'éveille que lorsqu'il croise le regard d'une certaine personne... Sa maman ne le reconnaît plus. Elle pense qu'il est fatigué et lui donne des vitamines. Un point positif tout de même à cet état second : il est HEUREUX !

RÉCLAMATION !

On nous signale un élève qui se plaint un peu, mais pas tant que ça. Voici ce qu'il nous dit :

FÉLIX !

"Je ne m'y attendais pas du tout. C'était un lundi matin et ça commençait mal : arrivé en cours de maths, direct, interro-surprise. Pfff... Évidemment, j'avais oublié mon équerre. Bon, je me suis retourné vers Pénélope, qui est derrière moi. (Elle a toujours tout en mille exemplaires.) OK, elle avait une équerre à me passer. Cool. Mais c'est là qu'elle s'est penchée vers moi. Elle m'a regardé et m'a dit tout bas, avec un air étrange : 'T'oublieras pas de me la rendre...' Bon ben, j'étais pas réveillé ou quoi, je me suis senti tout bizarre et je n'ai rien compris : 'Te rendre quoi ? — Ben, mon équerre', qu'elle m'a répondu en ouvrant de grands yeux. Après, je n'arrivais plus à me concentrer sur mon devoir. J'ai cru un moment qu'elle m'avait refilé la grippe ou une angine. Mais non. Depuis, je ne peux pas m'empêcher de la regarder tout le temps. Je ne lui ai pas rendu son équerre, ça me plaît trop de la garder. Cette fille me fait tout bizarre. C'est nul ou quoi ?"

RÉPONSE !

Pouvez-vous reformuler votre réclamation ? Parce que "C'est nul ou quoi ?"... S'il s'agit du fait qu'elle vous plaît, ce n'est pas si mal après tout.

Vos chances de tomber amoureux au collège ? Tournez la page !

Au collège, 99 % ~~de chances~~, ~~de risques~~, heu… de probabilité de tomber amoureux

Ça arrive parce qu'un grand chamboulement s'opère à l'intérieur de vous.

C'est la conséquence de votre très prochaine croissance accélérée de jeune adolescent. 10 à 15 centimètres gagnés en hauteur chaque année, forcément, ça va changer votre vision des choses. Eh oui, ce qui pour vous n'avait aucun intérêt hier deviendra peut-être l'objet de toute votre attention demain…

Garçons et filles

Au collège, filles et garçons semblent n'avoir plus rien en commun. Et pourtant les voilà sans arrêt en train de se chamailler! Allez comprendre… Jeux de rivalité ou de séduction, à force de se chercher, certains finiront par se trouver. Sachez qu'on n'est jamais à l'abri d'un premier amour… ou d'une amitié qui dure toujours!

« Fumer, c'est vraiment la classe ! »

Au-delà de donner envie de vomir au début, voici le plus puissant tue-l'amour qu'on connaisse sur le marché : la cigarette. Si fumer donne soi-disant un style, cette haleine qui refoule une odeur de tabac... hum, pas terrible-terrible !

Au collège, il est interdit de fumer, comme dans tous les lieux publics. Alors pourquoi en parler ? Parce que c'est bien à votre âge, au contact d'autres collégiens, que les fumeurs débutants commencent à ne plus jamais pouvoir s'arrêter.
Ça se passe comme ça : au départ, on est tenté ou on se laisse tenter par cette expérience au petit goût d'interdit. Et très vite ça devient une addiction, une impossibilité de s'en passer.
Quand on connaît les dégâts horribles que la cigarette opère sur les poumons et sur la santé en général, on comprend vite que, le plus fort et le plus malin, c'est celui qui ne tente jamais l'expérience !

Ah non, hein !

Ce n'est pas parce que vous avez décidé, malgré tout, de vous pourrir les poumons qu'il faut convaincre la terre entière de suivre votre exemple. Franchement, ce serait lamentable.

- Ne fumez pas aux abords du collège. C'est strictement interdit par le règlement.
- Ne fumez pas devant les plus jeunes.
- Ne jouez pas à celui ou celle qui est accro. Vous n'avez aucune raison valable de fumer.

Réponse :
Ce qu'il faut surtout, c'est ne jamais commencer. Mais, quand on dit *jamais*, c'est... **JAMAIS !**

Vous et les réseaux sociaux

À l'heure du collège, beaucoup d'entre vous sont déjà à fond sur les réseaux sociaux d'Internet. Une façon de communiquer dont il semble qu'on ne puisse plus se passer. Mais, attention, on ne peut pas tout dire ou tout poster sur le Web...

Le droit à l'image de chaque collégien est soumis à une réglementation très stricte qui passe par une autorisation des parents. Alors, prendre ses copains en photo au collège ou les filmer avec son téléphone et diffuser ensuite ces images sur Internet est strictement interdit. Le problème devient gravissime lorsqu'il y a moquerie, agression verbale, harcèlement, situation humiliante, manque de respect... Et ça va vite, souvent plus vite et plus loin qu'on ne le pense !

Qu'est-ce qu'on risque ?
Que quelqu'un porte plainte contre vous pour atteinte à la vie privée, diffamation et injures.

Les conséquences ?
Une convocation immédiate en conseil de discipline qui aboutira le plus souvent à une exclusion définitive du collège. Peu d'indulgence est accordée lorsqu'on s'en prend abusivement et méchamment à quelqu'un.

Il faut le savoir
On ne mesure pas toujours le mal qu'on peut faire à se moquer même « pour rire » de quelqu'un. Ça peut être vécu comme une véritable agression, extrêmement blessante et déstabilisante.

Et bien sûr...
Sur Internet, ne pensez pas vous lâcher sans conséquences à propos d'un prof qui vous tape sur le système. C'est fou comme tout finit toujours par se savoir...

Discussion instantanée
RAP MUSIC
Rap en boucle
Arrivée d'un SMS
BBRRR
Quatre exos de maths à faire pour le lendemain
Console de jeux (en pause, encore heureux)

Une fois rentré à la maison, au boulot !

Comment ça, "au boulot" ? Mais c'est l'enfer ! J'ai d'autres trucs à faire, moi !

Alors, le mieux est de vous mettre à vos devoirs sans tarder et avec efficacité !

Pour être super au point, direction la page 114.

Ma copine Vanessa fait toujours ses devoirs en cinq minutes. Et moi, parfois, je mets une heure. Ça va être encore pire au collège si ça se trouve...

Situation à reconsidérer sous un nouvel angle...

Voyez page 121.

Après les cours et les devoirs, après le collège et le lycée, après les études et tout et tout, on fera le métier qu'on a choisi, j'espère !

Si vous faites preuve d'un minimum de sérieux, vous avez toutes les raisons de l'espérer. En tout cas, bonne idée de penser à votre avenir !

Voyez page 122.

J'adore la guitare et je prends des cours. Mais ma mère me dit qu'il faudra peut-être que j'arrête au collège, à cause des devoirs.

Ah non alors, ce serait dommage !

On en parle page 124.

Travailler mieux pour être plus efficace*

L'air de rien, les devoirs à la maison constituent une menace pour le jeune collégien tout neuf et tout fringant : mal gérés, ils peuvent susciter un dégoût quotidien. La solution ? Ne foncez pas tête baissée, façon « Vite vite, que je m'en débarrasse ! ». Choisissez de devenir méthodique et organisé. (Mais non, ce ne sont pas des gros mots. Mais oui, vous en êtes capable.)

S'INSTALLER POUR FAIRE SES DEVOIRS

Chacun doit trouver les conditions qui lui conviennent le mieux pour un travail sérieux et donc plus rapide (tout le monde comprendra l'intérêt de ce dernier argument...). Faites différentes tentatives chez vous, sachant que vous n'êtes pas obligé de faire vos devoirs toujours au même endroit.

À son bureau personnel, dans sa chambre

OUI!

Classique, idéal même ! Être au calme pour travailler, c'est parfait pour la concentration... à condition que ça ne ressemble pas à une punition ! S'il vous faut plusieurs heures pour rejoindre votre bureau, essayez d'urgence une autre solution.

Sur la table basse, à 30 cm de la télé (allumée)

NON!

« Regarder sa série préférée + faire ses devoirs = optimiser son temps de travail. » Hum... c'est vous qui le dites. On ne doute pas que vous

* Et gagner du temps !

aurez parfaitement retenu le contenu de l'épisode en question. Par contre, un gros doute subsiste pour la leçon et la qualité de réalisation de vos exercices...

Sur la table de la cuisine OUI!

Elle accueille avec joie, et depuis des générations, les faiseurs de devoirs. Le petit va-et-vient de la vie de la maison, les discussions autour de la journée écoulée, la préparation du dîner semblent encourageants et plus propices au travail qu'il n'y paraît. Une leçon à réciter ? Une question ? Il y aura sûrement quelqu'un pour vous aider.

Aux toilettes NON!

Pff, voyons! En revanche, accrocher au mur de cet endroit incontournable une grande carte géographique du monde fait passer le temps de façon instructive!

Allongé sur son lit OUI! NON!

Très cool et envisageable pour une lecture en français ou une petite révision de principe, mais pas plus. Attention aux risques d'endormissement inopiné.

Dans sa baignoire avec des bulles NON!

Non, ça ne le fera pas. Vos livres et vos cahiers ne sont pas insubmersibles...

Bonne nouvelle

Comme en primaire, le goûter au retour du collège est indispensable. Mais, après, ne tardez pas à vous y mettre!

Le piège à éviter absolument ? Courez page 120.

FAIRE UNE LISTE QUI VA BIEN

Bien sûr, votre agenda est là pour vous rappeler vos devoirs. Mais refaire une petite liste peut s'avérer nécessaire pour :

- Établir un ordre de préférence.
- Détailler certaines consignes.
- Prévoir de vous avancer sur les jours suivants.

Faites le point avant de démarrer et envisagez la durée qu'il vous faudra y consacrer. C'est mieux que de partir à l'aveugle, se laisser surprendre par une quantité imprévue et se décourager.

S'avancer dans ses devoirs

Certains sont donnés avec une semaine ou deux d'avance. Ce n'est pas pour rien. Ils nécessitent des recherches d'approfondissement ou une quantité de travail plus importante. N'attendez surtout pas le dernier moment et pensez à les intégrer à votre liste.

FAIRE SES DEVOIRS À L'ENVERS...

c'est possible, mais ce n'est pas conseillé. « À l'envers » ? À moins que ce ne soit plutôt « en commençant par la fin », c'est-à-dire en faisant les exercices avant d'avoir appris ou relu sa leçon. C'est une mauvaise idée assez pratiquée, car on croit toujours avoir en tête la leçon de la journée ou de la veille. Mais souvent des détails nous échappent, et arrive forcément un jour où ça bloque : « Mais comment on fait déjà ? » ; ou encore : « Grrr, j'comprends rien du tout ». Vous replonger dans la leçon vous vaudra une perte de temps considérable !

Autre erreur courante : lire l'énoncé « en diagonale », c'est-à-dire à toute vitesse. À coup sûr des subtilités vont vous échapper, et bing, tout faux ! **S'obliger à lire posément l'énoncé**, sans précipitation, est une excellente habitude à acquérir au plus vite. Ça vous sauvera la vie au moment stressant des contrôles en classe.

LE BON CALCUL...

c'est celui de travailler régulièrement, si possible tous les soirs.

RÉVISER SES LEÇONS

Si vous avez cours le lendemain, vous avez sûrement des leçons à revoir. Vous pensez perdre votre temps ? Pourtant, à la veille du contrôle de fin de séquence, vous serez bien content d'avoir appris vos leçons au fur et à mesure. Et c'est là que vous gagnerez du temps! **« Un peu régulièrement »** prépare bien mieux que « beaucoup d'un coup » et « appris par-dessus la jambe »... C'est aussi une garantie de bons résultats pour les contrôles-surprises, qui tombent très régulièrement au collège.

QU'EST-CE QUI MARCHE BIEN POUR VOUS?

Chacun a sa **méthode** pour apprendre ; trouvez la vôtre!

- Réécrire les points-clés de sa leçon, en faire une petite fiche-mémo.
- Reformuler son cours à voix haute, l'enregistrer pour se le repasser plus tard.
- Accrocher des listes de vocabulaire ou des formules mathématiques sur le mur de sa chambre.

Cherchez les **modes de révision** qui vous vont bien.

- Qu'est-ce que vous apprenez facilement ?
- Qu'est-ce qui vous pose problème ?

Voilà des indices utiles pour analyser votre façon de fonctionner. Observez aussi comment les autres travaillent ou demandez-leur de quelle façon ils s'y prennent. C'est très constructif!

À inclure dans vos devoirs...
Vos devoirs sont faits ? Alors il vous reste encore à préparer votre sac pour le lendemain. C'est le bon moment car vous avez les idées claires, ce qui sera sûrement moins le cas le matin. N'oubliez pas votre carte de cantine, qui a l'habitude hyperénervante de rester planquée dans les poches.

DES QUESTIONS, DES INCOMPRÉHENSIONS ?

Le bon réflexe est sûrement de demander à vos parents. Mais ceux-ci ne seront pas toujours disponibles. Et puis, il va vous falloir gagner en autonomie. Savoir se débrouiller seul fait désormais partie du job !

- Pensez à recourir à vos livres scolaires : ils sont un bon complément à la leçon.
- Appelez un copain : à charge de revanche ; s'entraider, c'est important.
- Internet est un bon outil de recherche. Prudence, car il n'est pas toujours facile de faire le tri parmi la multitude d'infos.

Cette autonomie, parfois un peu difficile à acquérir, est extrêmement importante pour la suite de votre scolarité. Voilà pourquoi il faut s'y préparer dès la 6e.

L'appel irrésistible du virtuel

Finalement, gérer des devoirs, c'est bien peu de chose et beaucoup plus simple que de résister au piège énooorme que représentent le multimédia et les jeux vidéo, cocktail extrêêêmement attractif* et addictif*.

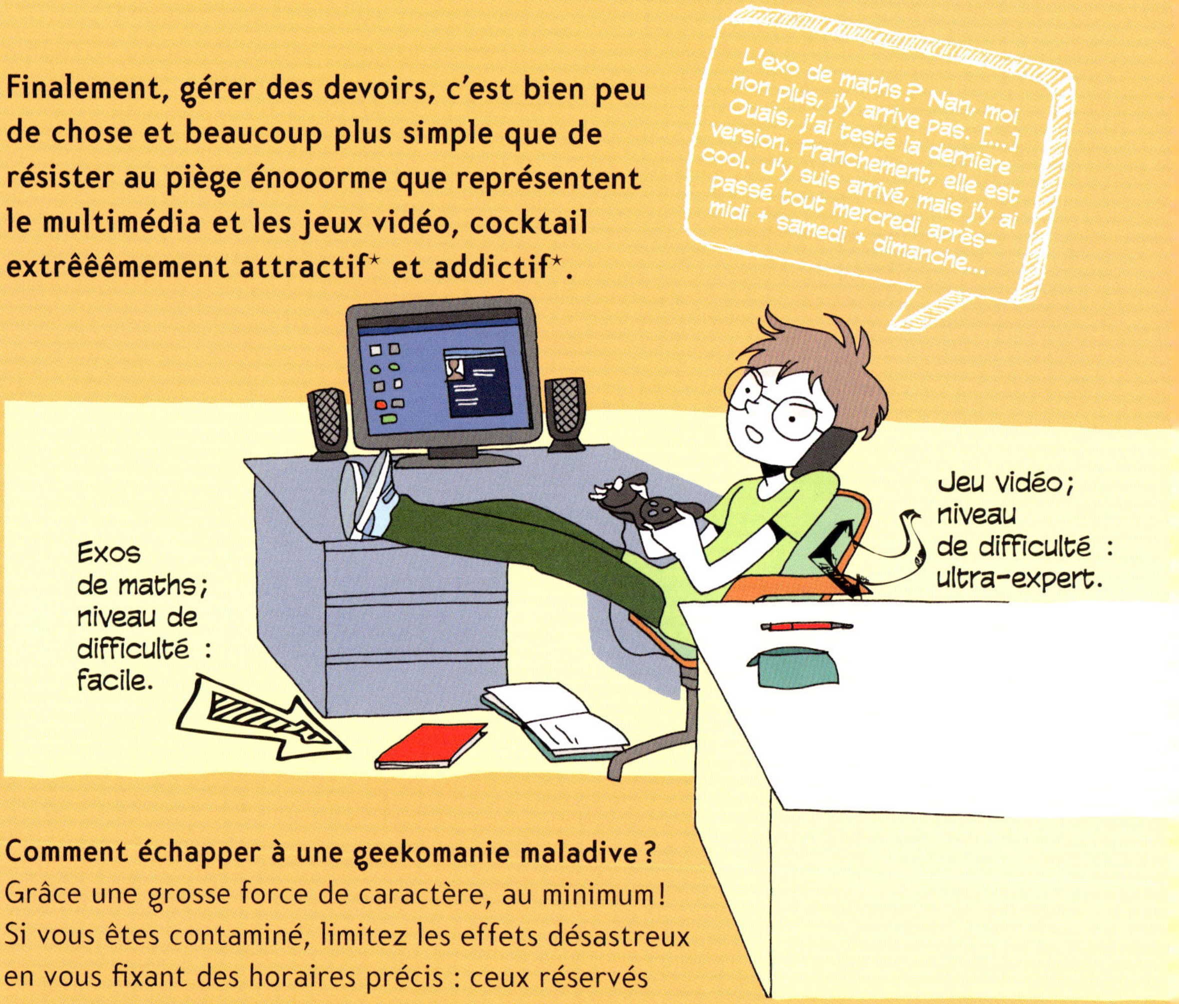

Comment échapper à une geekomanie maladive ?
Grâce une grosse force de caractère, au minimum ! Si vous êtes contaminé, limitez les effets désastreux en vous fixant des horaires précis : ceux réservés à vos devoirs, et ceux consacrés à vos loisirs virtuels. Dans l'idéal, il faudrait qu'ils soient équilibrés... Notez bien que, si vous développez la même énergie pour vos devoirs que pour vos jeux vidéo ou votre réseau Internet, vous allez cartonner en classe, et c'est rien de le dire !

C'est bizarre, mais ça marche comme ça :

une gestion maîtrisée de votre temps passé sur l'ordinateur = des parents bien plus cool !

* Attractif : on a du mal à y résister.
* Addictif : on ne peut plus s'en passer...

Ceux qui ont l'air d'en faire moins que les autres

"Le bouquin pour le français ? Tu parles, je l'ai lu en deux heures."

"J'ai révisé l'histoire dans le bus et j'ai eu 19/20 au contrôle."

"Trop fastoches, les exos de maths. Je les ai faits en regardant la télé..."

Eh oui, il y en a toujours, des élèves comme ça. Ils ont des facilités liées, entre autres, à de bonnes méthodes d'apprentissage acquises très tôt. Il faut ajouter qu'ils prennent un malin plaisir à se la péter devant vous ! Il est très probable qu'ils travaillent beaucoup plus qu'ils ne veulent bien vous l'avouer. Mais, à la longue, leur désinvolture associée à leurs excellentes notes finissent par vous faire douter de vous...

De bonnes habitudes

De bonnes habitudes de travail valent tout l'or du monde. Les appréciations d'un bulletin de notes mettant en avant votre sérieux vous mèneront aussi loin que vous pouvez l'espérer. C'est absolument garanti !

Voilà qui s'appelle être déstabilisée... Pourtant, rassurez-vous : vos efforts et votre persévérance d'aujourd'hui sont une véritable assurance tous risques pour demain.

Cap sur votre orientation

Un métier qui vous plairait... il faut bien commencer à y penser un jour. D'ailleurs, rien n'est plus motivant que d'avoir des idées et des projets. S'offrent à vous un nombre fou de possibilités ! Finalement, ce n'est peut-être pas aussi simple qu'il n'y paraît.

Il faut se décider quand ?

Heureusement, il vous reste des années pour trouver votre voie. Mais pensez-y de temps en temps. Soyez curieux de ce que font les adultes autour de vous. N'hésitez pas à leur poser des questions : ils sont toujours heureux et fiers de parler de leur métier.

Stage de 3e

En 3e vous devrez effectuer un stage en entreprise d'une semaine. L'occasion de découvrir le monde du travail. Une expérience souvent enrichissante.

Tout le monde n'a pas forcément un grand projet en tête. Alors voici où aller à la pêche aux infos pour trouver des idées :

- À la bibliothèque de votre collège (CDI) : elle possède des livres sur le sujet. Demandez conseil à votre professeur-documentaliste.
- Dans votre ville, le CIO, centre d'information et d'orientation, est un lieu magique : vous aurez accès à des dizaines de fascicules complets sur toutes les filières professionnelles possibles et imaginables, avec des précisions sur les formations nécessaires. De quoi rêver à un avenir passionnant ! N'hésitez pas à y faire un tour. D'ailleurs, votre collège y organisera peut-être une visite avec votre classe.
- Les salons ou forums des métiers organisés dans les collèges et les lycées invitent des représentants de domaines professionnels variés, à qui vous pourrez poser toutes vos questions.
- Visitez le site Internet très complet de l'Onisep. Vidéos-témoignages de professionnels de tous les domaines à voir.

Quand l'extrascolaire fait le buzz

Vous êtes sportif, musicien, danseuse ou clown à vos heures. Vous prenez des cours de théâtre. Vous passez des heures chez vous à dessiner. Vous apprenez le japonais en cours privé. Vous savez déjà programmer votre ordinateur… Vous allez me dire : « Et alors ? Rien à voir avec le collège. »

Et si pourtant ! Au cours de vos loisirs préférés, vous faites marcher vos muscles, votre cerveau, et vous développez toutes sortes d'aptitudes et de qualités. La rigueur et la persévérance dont vous faites preuve vous seront très utiles au collège, dans toutes les matières. On peut parler aussi de la créativité, de l'ouverture d'esprit et de la curiosité, de la force de concentration et de bien d'autres qualités encore. On les appelle des *compétences transversales*. Elles sont précieuses. Alors, foncez et soyez riche de mille expériences !

Bon à savoir

Au baccalauréat, il est possible de passer certaines options en candidat libre : sport, musique, langue… Ça pourrait être l'occasion de valoriser votre activité extrascolaire favorite, et surtout de gagner des points supplémentaires.

Et si tout part de travers ?

Un petit coup de fatigue ? Des difficultés qui semblent insurmontables ? Des notes qui chutent malgré un travail à la maison très régulier ? Des problèmes personnels qui vous mettent la tête à l'envers ?

Pas la peine de laisser une situation difficile se dégrader et devenir catastrophique en restant dans votre coin. Tout le monde connaît des moments de faiblesse, même les meilleurs. Ne croyez surtout pas que le collège n'est qu'une grosse usine à bourrer le crâne des élèves sans se préoccuper des difficultés qu'ils peuvent rencontrer.
Sous leurs airs parfois drôlement sérieux, le directeur du collège, son adjoint, votre professeur principal, les surveillants ou encore la psychologue scolaire sauront très bien s'adoucir et vous écouter le plus attentivement du monde. Bien des mesures et dispositifs peuvent être mis en place pour vous soutenir dans vos moments difficiles. Pensez-y.

Pourquoi faut-il les étudier, ces deux-là ?
Parce qu'on le vaut bien !
Yo !
Prof
Élève de 3e

• Mais de quoi sont-ils faits ?! •

Inclus :
un dossier
spécial parents

Ce qui m'inquiète au collège, ce sont les 3e. Ils sont grands, certains ont une grosse voix, ils ont l'air d'en avoir rien à faire de rien et ils font des blagues qu'on ne comprend pas.

À vrai dire, les 3e ont un peu leur monde à eux.

Quelques indices pour vous éclairer pages 128 à 132.

Il paraît que les profs sont pédagogues. Je me demande bien ce que ça peut vouloir dire et à quoi ça se voit...

Simplement, les profs ont le sens de l'enseignement. Ce n'est pas donné à tout le monde, et c'est plus facile à dire qu'à mettre en pratique...

Voyez page 136.

Mes parents ne me lâchent pas avec cette affaire d'entrée en 6e. Il n'y aurait pas quelques conseils antistress pour eux ?

Si ! Car, en effet, rien de plus stressant que des parents stressés !

Envoyez-les tout de suite page 149.

• Ces élèves de 3e : décodage •

Après des années au collège et une transformation physique proche d'un tsunami, les élèves de 3e ont changé leurs repères et se sont trouvé de nouveaux codes bien à eux. Observation et décryptage...

Évolution du collégien

EN CLASSE DE 6E

PASSAGE EN 5E

Énergie down
Révolution capillaire en marche
Portable à mot de passe
Croissance up
DÉJÀ EN 4E
Les 6e, vous les trouvez comment ?
Connais pas. Ah si!!! Non mais ouais, voilà quoi.
FLASH
DERNIÈRE ANNÉE AU COLLÈGE

• Drôle d'attitude •

Comment faut-il interpréter les réactions de ces « vieux » du collège ?

« On ne sait jamais si les 3e sont de bonne humeur ou pas. »
Décodage :

« À la cantine, ils se croient tout permis : ils poussent et ils doublent ! »
Décodage : leur croissance accélérée leur impose un besoin phénoménal en calories. Alors, quand la faim leur tenaille l'estomac, mieux vaut ne pas se trouver sur leur chemin… Néanmoins, ça ne justifie pas qu'ils aient un comportement brutal ou impoli. Protestez ! Ne vous laissez pas faire !

Jamais pressés

Si les élèves de 3e ont parfois l'air de vivre au ralenti, ce qui est sûr, c'est qu'à l'intérieur d'eux-mêmes c'est un vrai bouillonnement d'idées. Ça leur vaut une légère désinvolture vis-à-vis des règles du collège. Leurs initiatives sont parfois malvenues, et très souvent ça ne se finit pas bien pour eux : les sanctions tombent. Mais ça ne les empêche pas de recommencer... Un peu têtus ?

« Ils n'aiment pas qu'on se mêle de leurs affaires. »
Décodage : il est temps pour les 3e d'avoir une vie bien à eux, loin des sages remarques de leurs parents et sans avoir sur le dos de plus petits qu'eux. Respectons leur monde très privé, empreint d'une grande indépendance.

« Des fois, ils se battent entre eux; mais bizarrement, nous, les 6e, ils nous laissent tranquilles... »
Décodage : ne vous en plaignez pas! Mieux vaut une légère indifférence que des embrouilles avec eux : vous n'auriez pas le dessus.

« Quand les surveillants leur interdisent un truc, ils négocient pendant trois heures. »
Décodage : ils supportent de moins en moins qu'on leur impose des règles. En grands stratèges, ils avancent inlassablement leurs arguments, tels des pions sur un échiquier. Et ils sont sacrément forts! Il faut dire qu'il s'entraînent beaucoup avec leurs parents...

« Ils ont les cheveux qui se mettent toujours bien. Top! Pas comme les nôtres... Ils ont trop la classe. »
Décodage : ah, quand même un compliment! C'est ça : ils ont la classe!

Pour leur dernière année au collège, qu'est-ce qui attend les élèves de 3e ?
Et qu'est-ce qui vous attendra, vous, dans pas si longtemps ?!... Au-delà des cours normaux, qui ne sont pas à négliger à la veille de l'entrée en 2de, ils devront :

- Effectuer un **stage** en entreprise d'une semaine. À eux de trouver un employeur qui voudra bien les accueillir. Après quoi, ils auront un dossier à constituer et une présentation orale devant un jury.
- **Monter un dossier** en histoire des arts qui fera, lui aussi, l'objet d'une présentation orale.
- Passer le **brevet des collèges** en fin d'année. C'est toujours stressant, un examen ! Grosses révisions à prévoir en français, maths, histoire-géo et éducation civique.
- Penser à leur **orientation** vers le lycée ou vers une autre filière. Ça oblige à se poser pas mal de questions quant à son avenir ainsi qu'à évaluer ses propres compétences... Pas si simple.

Voilà donc une année drôlement chargée qui tiendra en haleine les élèves de 3e jusqu'à la toute fin du mois de juin. Ils cachent bien leur jeu sous leurs airs détendus !

Ils se rebellent

Beaucoup d'entre eux aspirent à une liberté plus grande que celle autorisée au collège. Un peu comme vous en fin de CM2... Parions que le lycée conviendra mieux à leur nouvel état d'esprit.

• Des profs en veux-tu en voilà •

Quelle chance : au collège, une panoplie complète de professeurs hyperaffûtés vous réservent un accueil des plus chaleureux. La preuve…

Début difficile

Oui, bon : vous trouverez peut-être que certains profs sont un peu raides au démarrage. C'est une façon pour eux d'asseoir immédiatement leur autorité. Pas de panique, ils vont se détendre par la suite.

• Ces transmetteurs de savoir •

Vos professeurs ne sont pas tombés du ciel dans votre classe par hasard. Par ailleurs, loin d'eux l'idée de vous casser les pieds. Ce métier d'enseignant, ils l'ont choisi et se sont donné les moyens d'y parvenir. C'est ainsi qu'ils sont devenus le relais entre leurs connaissances chèrement acquises et vous-même, jeune cerveau avide d'apprendre !

Qu'est-ce qui les a motivés à devenir professeurs ?
Au départ, il y a souvent une passion, un réel intérêt pour un domaine en particulier, qu'il soit littéraire ou scientifique, ou encore sportif, artistique... Ils y ont accordé toute leur attention, ont beaucoup appris, lu, et ont mis en pratique leurs connaissances à des niveaux très variés. Dans tous les cas, ils ont étudié des années pour être au top niveau ! Il faut ajouter à ça leur goût de transmettre, d'enseigner, qui est chez eux une véritable vocation.

Évolution du professeur

Leur formation :
Le diplôme du **baccalauréat**
+ au minimum quatre années d'études pour obtenir **un master**
+ le concours du **CAPES**, certificat d'aptitude au professorat de l'enseignement du second degré, ou du **CAPET**, certificat d'aptitude au professorat de l'enseignement technique
+ une année de stage dans des classes de collège ou de lycée, associée à **des accompagnements et des formations**
= les voici enfin devenus **des professeurs certifiés.**
+ Certains ont tenté et réussi le concours très exigeant de **l'agrégation**. Ils peuvent alors enseigner à l'université ou dans les classes préparatoires aux grandes écoles.

Et alors ?
Que vous les trouviez sympas ou non, pas la peine d'échafauder des appréciations d'inspecteur de l'Éducation nationale, car, c'est évident : vous avez **beaucoup à apprendre d'eux**! N'en doutez jamais.

La mission du prof n'est pas fastoche...
Pour amener ses élèves à leur meilleur niveau, tout prof aura à faire appel à des trésors de pédagogie. Ça veut dire quoi ? Il devra trouver des solutions presque miracle pour gérer au plus près :

- Des bavards qui l'ouvrent pour un oui ou pour un non avec des timides qui osent à peine lever le doigt.
- Les élèves du 1er rang, tout ouïe, avec ceux du fond de la classe, à côté du radiateur, aux yeux mi-clos.
- Ceux qui enregistrent tout à la première écoute avec ceux qui apprennent mieux grâce à des schémas.
- Les élèves qui répondent pile-poil aux consignes avec ceux qui suivent des chemins plus fantaisistes.

On comprend mieux pourquoi certains profs avouent avoir toujours un cachet d'aspirine dans leur sac...

Qu'on se le dise

Même les professeurs les plus qualifiés n'ont pas suivi de formation dans la police nationale. Ils savent faire preuve d'autorité quand les élèves sont dissipés, mais précisons que leur mission est d'enseigner, pas de distribuer des punitions ou des mots dans le carnet !

RÉCLAMATION !

"Nous, les professeurs, nous sommes très regardés. Dès notre entrée en classe, c'est l'examen intégrââââl : vêtements, chaussures, maquillââââge, coiffure, on ne nous épââârgne rien ! Notre façon de nous exprimer, nos gestes, nos petites manies, tout est passé à la moulinette, au presse-purée, que dis-je ?, au microscope binoculaire ! Mais, nous aussi, nous regardons nos élèves. Et, pour tout vous dire, nous sommes rarement déçus. Imaginez seulement si nous nous tenions comme eux...

Voyez le genre... Et encore, je ne vous parle pas de ceux qui gardent leur manteau et leur cââche-nez en classe. Pourtant, nous avons le chauffage centrââââl dans toutes les salles. Je vais paraître très vieux jeu, mais je me demande sincèrement si des cours de maintien et des leçons de bonnes manières ne seraient pas les bienvenus. Mais oui, comme dans le temps !"

• Ce que les profs apprécient •

- **Poser des questions quand on n'a pas compris.** Lorsqu'on a décroché et qu'on est un peu perdu, on préfère souvent ne pas le dire en attendant de comprendre plus tard (ou pas). Erreur fatale! Ne croyez pas que votre prof va hurler si vous lui demandez de réexpliquer un point de la leçon. Il est là pour ça! Et rien ne l'énervera plus que des élèves qui font mine d'avoir tout compris et qui se ramassent aux contrôles.
- **Améliorer son comportement.** Évidemment, ce sera très appréciable, surtout si vous avez fait les quatre cents coups au premier trimestre. Mais notez qu'il faudra quelque temps avant que les profs considèrent que vous avez vraiment changé. Ce n'est pas parce que vous vous êtes tenu à carreau le lundi et le mardi qu'on vous adressera des félicitations dès le mercredi...
- **S'enthousiasmer pour un voyage ou une sortie scolaire.** Ça n'a l'air de rien, mais, faire prendre l'air à une classe d'une trentaine d'élèves, c'est toute une organisation pour le prof qui le propose. Alors, si ça vous ravit, n'hésitez pas à le lui faire savoir!
- **« Où en étais-je ? » Si vous savez répondre à cette question** d'un prof qui a dû s'interrompre pour s'occuper d'un élève en particulier, vous serez apprécié comme cet élève « qui suit », et ce n'est pas la moitié d'un compliment!

• Ce qui ne leur plaît pas, ah non ! •

- **Laisser traîner sur une table un téléphone portable, même éteint.**
  Ne prenez pas ce risque, sous peine de confiscation immédiate.
- **Surenchérir pour plaire à tout prix.**
  Autrement dit, fayoter ! Contrairement aux apparences, en faire trop, tout le temps, pour tenter d'attirer l'attention et gagner des points à tout prix, insupporte tout le monde, y compris les profs eux-mêmes !
- **Donner l'impression de finir sa nuit pendant les cours de 8 heures à 9 heures.**
  Faut pas croire, le prof aussi a eu du mal à se réveiller... Du coup, il n'a pas envie d'avoir en plus à vous secouer les puces.
- **Faire des remarques dans le dos des profs.**
  C'est dingue comme ils ont l'oreille fine... Prudence !
- **Avoir oublié son livre et confondu sa trousse de maquillage avec sa trousse de crayons...**
  Ça en dit long sur l'état d'esprit qui vous anime. Vous aurez du mal à leur faire croire que vous aviez prévu d'écrire avec votre rouge à lèvres...
- **Cesser d'écouter le cours parce que ça a sonné,** ou encore **bâiller comme un hippopotame.**
  Oups, quel manque de respect !

C'est vrai, les profs peuvent être très susceptibles. Un petit rien du tout de travers, et les voilà tout énervés. Mais mettez-vous un peu à leur place aussi !

• Décryptage •

Les professeurs ne sont pas des machines à enseigner toutes sorties du même moule. Les uns ne ressemblent pas aux autres, et c'est tant mieux. Grâce à ça, des milliers d'anecdotes vont bientôt peupler vos souvenirs! En attendant, voici quelques portraits de profs que vous croiserez peut-être dans pas si longtemps...

L'ENGLISH TEACHER D'HUMEUR JOYEUSE

Elle ne conçoit surtout pas son cours comme un long monologue qui bercerait doucement ses élèves dans un demi-sommeil. Avec elle, il faut que ça bouge! Son énergie à animer son cours à l'oral est telle que même les plus timides se laissent aller à jacasser sans complexe en anglais. *Yes!*

Ce que vous pouvez attendre d'elle
Qu'elle vous emmène en voyage à l'étranger bien sûr!

À craindre
Elle va vous asticoter sur votre accent. Elle le dit avec beaucoup d'humour : « Mes meilleurs élèves sont ceux qui regardent la télé... » Comprenez « en mode *English language* » évidemment.

Le bon conseil
Ayez les yeux en face des trous dès 8 heures du matin, car elle ne supportera pas votre attitude molle.

LA PROF DE FRANÇAIS, CETTE ENCYCLOPÉDIE VIVANTE

Entre citations littéraires et références artistiques, votre culture générale va être boostée à son maximum. On peut penser qu'emportée par sa nature passionnée, ne touchant plus vraiment terre, cette prof sera du genre indulgent. Eh bien, pas du tout! Elle est intransigeante et ne laisse rien passer. Vous vous en rendrez compte dès les premières copies rendues...

Ce que vous pouvez attendre d'elle
Qu'elle laisse tomber un moment la leçon pour transformer la salle de classe en scène de théâtre... où elle tiendra le premier rôle bien sûr.

À craindre
Qu'elle vous fasse lire un livre de cinq cents pages.

Le bon conseil
Laissez-vous porter par son enthousiasme, qui est très stimulant.

LA PROF DE GYM ET SA VOIX QUI PORTE AU-DELÀ DES FRONTIÈRES

À fond sur les bananes et la vitamine C, oui, elle crie. Et alors ? Au bout du cinquième tour de stade, s'il n'y a pas quelqu'un pour vous pousser aux fesses, comment tiendrez-vous le coup ?! D'ailleurs, sa grosse voix va vous impressionner un peu, mais pas plus d'un mois : elle a un bon fond qui fait qu'elle vous appellera volontiers *mon petit bichon* ou *ma poulette*. Un peu la honte, mais bon, on lui pardonne.

Ce que vous pouvez attendre d'elle

C'est une redoutable recruteuse pour l'UNSS du mercredi après-midi, mais aussi pour toutes sortes d'actions de soutien à des associations. Vous souhaitez organiser un goûter géant de fin d'année ou une sortie acrobranche ? C'est elle qu'il faut mobiliser !

À craindre

Son goût pour l'endurance, qui fait que vous n'avez pas fini de cracher vos poumons…

Le bon conseil

N'essayez pas de l'entourlouper sur votre comptabilité des tours de stade. Trop habituée pour se laisser avoir…

LE PROF DE SVT ET SON GOÛT INSATIABLE POUR LES ESPÈCES VIVANTES

Ce prof doit avoir un chez-lui qui ressemble davantage à un labo géant qu'à un *home sweet home*. Pas très à cheval sur les leçons théoriques, il sait capter instantanément l'attention de tous grâce à ses travaux pratiques. Chacun retient son souffle et rêve secrètement d'une explosion inopinée. En tout cas, son cours est une vraie bouffée de CO_2 dans votre journée !

Ce que vous pouvez attendre de lui
Un comportement surprenant : plus chercheur que prof, passionné par les espèces vivantes, il peut interrompre son cours pour observer une mouche marcher sur la vitre de la fenêtre ou, pire, analyser scientifiquement l'attitude d'un élève qui se met le doigt dans le nez.

À craindre
Il inflige des contrôles qu'il promet supersimples et qui sont toujours hypertordus…

Le bon conseil
Posez des questions ! Il leur trouvera toujours un grand intérêt, même aux plus farfelues.

LE PROF D'ARTS PLASTIQUES, DÉBORDÉ MAIS TOUJOURS ENTHOUSIASTE

Souvent en charge de toutes les classes du collège, il change d'élèves à chaque heure. Il en a plus de trois cents! Mine de rien, ça demande une organisation béton. Loin d'être blasé, il arrive encore et toujours à s'étonner (et à s'émerveiller, mais si!) de vos créations artistiques. Au point que vous vous demandez parfois si vous n'avez pas hérité un petit quelque chose de Léonard de Vinci...

Ce que vous pouvez attendre de lui

Des sorties culturelles à gogo sans forcément un compte-rendu de vingt pages à faire!

À craindre

Les jours où la classe s'emballe, il peut s'énerver tout rouge et en envoyer quelques-uns directement dans le bureau du directeur.

Le bon conseil

Pour lui, c'est l'idée qui compte plus que la réalisation. Alors, pas d'affolement si vous êtes du genre barbouilleur...

LE PROF DE MATHS, QUAND IL EST BEAU GOSSE

Ne vous y trompez pas : son air cool et son look de surfeur ne signifient nullement qu'il fera glisser vos notes au top de la vague. Il est exigeant et le fait savoir. Par ailleurs, celui qui lui marchera sur les pieds n'est pas encore né... Néanmoins, son succès auprès de ses collègues femmes réjouit toujours ses élèves, qui lui inventent volontiers toutes sortes d'aventures amoureuses improbables.

Ce que vous pouvez attendre de lui

Jeune d'esprit, il sait très bien rendre ses cours attrayants : même un exo de géométrie peut devenir amusant avec lui !

À craindre

Ses appréciations sans détours, qui ne vont pas ménager votre susceptibilité...

Le bon conseil

Bossez à fond avant d'oser ricaner en classe !

• C'est pas juste ! •

Au moment où on vous rend une copie, face à un même résultat, chacun a sa propre réaction…

- « Wouah ! Je réussis trop bien cette année ! »

- « Trois fautes bêtes. J'aurais pu avoir bien plus. »

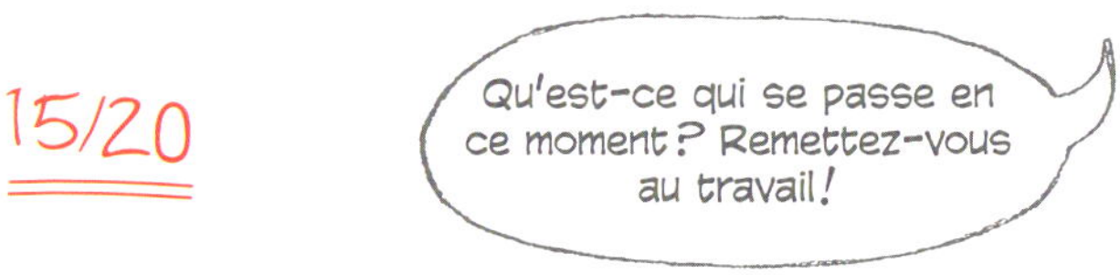

- « Quoi ?! Mais c'est nul ! Je vais me faire tuer par ma mère… »

Au-delà d'une note, les appréciations du prof peuvent être très variables. Mais inutile de vous énerver et de crier au scandale et à l'injustice ! Non, votre prof n'a pas ses petits chouchous. Simplement, il adapte ses remarques en fonction de chaque élève. Alors, s'il vous asticote les côtelettes, s'il vous titille les nerfs, s'il vous assaisonne de « Peut mieux faire », c'est que vous avez la possibilité de vous améliorer. Car vous voir vous tourner les pouces et fournir un travail très moyen, lui aussi, ça l'éneeeerve ! Au lieu de couiner, mettez le paquet et montrez une bonne fois pour toutes de quoi vous êtes capable !

Si c'est VRAIMENT pas juste…

Il peut arriver que des remarques tombent de façon plutôt injuste. Après tout, personne n'est à l'abri d'une erreur de jugement. Sachez relativiser : ça ne va certainement pas pourrir le reste de votre trimestre. Mais, si cette injustice s'avère vraiment indigeste, tentez une explication avec votre prof, en restant calme et posé.

• Quand vos parents rencontrent vos profs... •

... qu'est-ce qu'ils se racontent ?

Inutile de tomber dans la paranoïa* ou le misérabilisme*. Il s'agit de faire le point sur votre travail, et non de vous descendre en flèche. Parfois, en discutant avec vos parents, les profs comprennent mieux certaines de vos difficultés ou votre façon de fonctionner. Peut-être auront-ils aussi de judicieux conseils à leur donner, comme celui de vous faire davantage confiance ?

* Paranoïa : tendance exagérée à croire qu'on vous en veut à mort.

* Misérabilisme : goût à évoquer la misère humaine, et ici celle du collégien, pour qui la vie est si dure ; pauvre petit chou…

Au retour de vos parents, vous pouvez avoir de très bonnes surprises :

- Surtout si vous êtes le premier de la classe. Oui bon, d'accord, ça, ce ne sera pas vraiment une surprise.
- Cette prof qui vous asticote à chaque cours, c'est elle qui a été la plus positive envers vous ! Comme quoi, même si elle ne le montre pas, elle sait ce que vous valez.
- Vos parents, toujours inquiets pour un oui ou pour un non, reviennent avec la banane ! Ils ont compris qu'ils peuvent compter sur votre sérieux malgré vos airs de grand distrait. Ultrapositif.
- Les profs se plaignent de vos bavardages, mais, comme vous participez en cours et que vos résultats sont bons, ils en sourient à demi et ça passe comme une lettre à la poste ! (Notez que vous l'avez échappé belle quand même…)

La réunion parents/profs peut être redoutable, surtout si…

… vous avez réussi à cacher à vos parents des choses pas terribles-terribles, comme un comportement limite ou un travail irrégulier, voire inexistant. S'ils ne s'en sont pas rendu compte avant, ce sera la douche froide pour eux. Prévoyez que ça se passera mal à leur retour… En revanche, ce sera vraiment le moment de mettre les choses à plat et de vous ressaisir, car, heureusement, il est loin d'être trop tard pour bien faire.

• Dossier spécial parents •

RÉCLAMATION !

On nous signale qu'une prof tient absolument à intervenir au sujet des parents :

"Oui, par pitié, les enfants, faites passer ce message à vos parents ! Surtout, qu'ils ne prennent pas de mauvaises habitudes dès la 6e. Voici le problème. Les parents font toujours une armée de recommandations à leur enfant : 'Écoute bien ton professeur', 'Ne sois pas en retard', 'Fais tes devoirs…' STOP ! C'est là où ça coince : 'Fais tes devoirs', ça ne veut pas dire 'Je vais faire tes devoirs à ta place' ! NON ! 'Fais tes devoirs', ça veut dire 'Fais-les toi-même, tout seul', et, à la rigueur, 'Pose des questions si tu ne sais pas' ; mais pas plus !

Je rencontre souvent des parents qui font les devoirs de leur enfant, et c'est un désââââstre : non seulement ce n'est vraiment pas leur rendre service, mais en plus les parents font des fautes ! Et, quand leur enfant n'a pas une bonne note, ils viennent se plaindre et me demandent des explications ! Ah non, au secours, épargnez-moi ces dérives !"

• À faire lire à vos parents, si possible avant la rentrée ! •

L'entrée en 6e de votre enfant, et particulièrement celle de votre aîné, est souvent un moment lié au stress. La rupture avec l'école primaire est nette. De nouvelles habitudes vont être à acquérir, et ça ne va pas sans quelques doutes pour vous…

- Comment vont se passer ses premiers trajets en bus ou à vélo ?
- Arrivera-t-il à s'organiser avec son emploi du temps et surtout ses devoirs ?
- Comment gérer le fait qu'il finira peut-être à 15 heures ?
- Parviendrez-vous à vous rendre suffisamment disponible pour l'aider le soir ?

Autant de questions qui finalement trouveront leurs réponses au fur et à mesure, grâce à une organisation qu'il faudra peut-être adapter à l'usage. Dans tous les cas, être attentif au fonctionnement général du collège favorisera indirectement la scolarité de votre enfant, et ce en respectant une certaine distance. Car, pensez-y, ses futurs maîtres mots seront bientôt *autonomie* et *indépendance* !

Bulletin officiel

« L'implication des familles et la qualité de leurs relations avec l'école sont un facteur de réussite des élèves. » (*Bulletin officiel de l'Éducation nationale* n° 31, du 31 juillet 2008.)

L'accueil en 6e

Bien évidemment, le collège est habitué à accueillir les nouveaux 6e. Une demi-journée leur est entièrement consacrée et mobilise l'ensemble de l'équipe enseignante, de la direction et de la vie scolaire. Peut-on alors espérer une rentrée idéale ? Oui, si on considère que celle-ci est faite de petits oublis et de légères erreurs, ici et là. Il n'y a surtout pas lieu de dramatiser.

À noter :

- Tous les professeurs ne sont pas nommés dès le premier jour de la rentrée. Les absents arriveront les jours suivants.
- Les emplois du temps sont sujets à modifications jusqu'à fin septembre.

Le plus à craindre…

Finalement, la rentrée la moins bien vécue est souvent celle qui sépare votre enfant de ses meilleurs amis. Il pouvait s'y attendre, mais quand les faits sont là… L'ambiance sera morose au retour à la maison, le temps qu'il se fasse de nouveaux copains.

Les fédérations de parents d'élèves

Il est intéressant de se rapprocher de l'une d'entre elles, pour diverses raisons :

- Être informé en temps et en heure, et parer ainsi à la rétention d'informations plus ou moins volontaire de votre collégien.
- Communiquer avec d'autres parents, en particulier ceux de la classe de votre enfant, pour évoquer les problèmes rencontrés.
- Éventuellement, participer aux conseils de classe. Un investissement qui prend peu de temps, mais qui est riche d'enseignements sur la vie des collégiens.
- Trouver des réponses ou de l'aide. Les fédérations sont très au fait du fonctionnement du collège, accèdent facilement aux informations et peuvent éventuellement servir de médiateurs.
- Être élu au conseil d'administration et se trouver ainsi au cœur du fonctionnement du collège. Enrichissant à tous points de vue !

Le poids du cartable

Vous serez probablement très désagréablement surpris par le poids du cartable de votre enfant en 6e, qui pourra excéder les 10 kilos. Il s'explique par la quantité de livres mais aussi de cahiers, irremplaçables encore à ce jour. Ce guide propose des astuces, mais pas de miracles…

Soutenir son enfant… mais pas trop !

Il va vous falloir le laisser se confronter à des problèmes, des erreurs, des oublis, et même des insuffisances de travail et de mauvaises notes.

À savoir

Les fédérations de parents d'élèves, à travers leurs bénévoles très investis, vous représentent auprès des instances du collège. Elles sont l'une des garanties du bon fonctionnement de l'établissement. Votre participation à l'élection des parents délégués est hautement symbolique de votre soutien.

Options courantes possibles selon les établissements

En 6e :
La section bilangue permet de commencer deux langues vivantes dès la 6e. Recrutement sélectif sur dossier en fin de CM2. (À ne pas confondre avec la section bilingue de certains établissements, réservée aux élèves parlant couramment deux langues.)
En 5e :
Le latin, et parfois d'autres langues vivantes telles que le chinois.
En 4e :
Les sections européennes en langue vivante. Recrutement sélectif sur dossier en fin de 5e. Il s'agit de deux heures hebdomadaires supplémentaires pour un renforcement oral de la langue en question.
En 3e :
Le grec ancien.

Ça arrivera ! À lui maintenant de se prendre en charge et d'apprendre à rebondir après des erreurs. Un collégien doit arriver en 3e avec une bonne autonomie. Une partie de sa réussite au lycée en dépend. Attention, ça ne désengage en rien votre soutien et votre attention, dont il ne pourra pas se passer.

La mauvaise idée
C'est de tomber d'accord avec son enfant pour dire que tel professeur est incompétent. Comment pourrait-il continuer sereinement son année dans ces conditions ? Chaque professeur a sa façon d'enseigner et a quelque chose à apporter à chaque élève, indéniablement.

À ne rater sous aucun prétexte !
Les rencontres parents/professeurs. Même quand tout va pour le mieux, votre présence est la preuve pour tous du sérieux que vous accordez à la scolarité de votre enfant. Les réunions en vue de voyages scolaires sont aussi de toute première importance, ne serait-ce que par respect pour l'investissement en temps, en responsabilité et en énergie des professeurs organisateurs.

Le service social

est à l'écoute des élèves afin de favoriser leur réussite individuelle et sociale. Il apporte conseils et soutien, et rencontre les parents si besoin est. Il peut accorder des aides financières (cantine, voyages…) sur demande.

Sigles courants :

- **Le CPE** : le conseiller principal d'éducation, en charge du bureau de la vie scolaire. À ses côtés, **les AE**, assistants d'éducation, plus communément appelés *surveillants*.
- **Le CDI** : le centre de documentation et d'information du collège.
- **Le CIO** : le centre d'information et d'orientation, au sein de la ville.
- **La SE** : la section européenne.
- **L'EPS** : l'éducation physique et sportive.
- **Les SVT** : les sciences de la vie et de la Terre, anciennement *sciences naturelles*.
- **L'UNSS** : l'Union nationale du sport scolaire.
- **Le FSE** : le foyer socio-éducatif, lieu d'activités à l'interclasse.
- **Le CC** : le conseil de classe de fin de trimestre.
- **Le CESC** : le comité d'éducation à la santé et à la citoyenneté, auquel tout parent peut participer.
- **La CLA** : la classe d'accueil, pour les enfants non francophones, dans certains établissements seulement.
- **Le PAI** : le projet d'accueil individualisé, à destination de tout élève rencontrant un problème spécifique tel qu'une allergie alimentaire, une pathologie chronique, une dyslexie… Il s'agit d'un protocole écrit, établi entre les parents et l'établissement scolaire.

• Quoi ?! L’année de 6e est déjà finie ? •

L’entrée au collège, vous vous en faites toute une histoire, mais finalement le rythme est vite pris. Il faut vous voir aujourd’hui en train de cavaler d’une salle de classe à l’autre pour ainsi dire les yeux fermés… Vous êtes devenu un collégien superpro ! Et, pour ne rien gâcher, vous vous êtes fait des tas d’amis. Mine de rien, ça compte drôlement.

Ce qu’on gagne ?! Des souvenirs par milliers qui vous feront mourir de rire, vous et vos amis, pendant longtemps. Il n’est pas à exclure non plus que vous vous chamaillerez encore avec votre pote de 6e dans vingt ans, ou même dans quarante ! Parce que enfin, les grands liens d’amitié, ce n’est pas à la maison de retraite qu’ils se créent ! Alors, en attendant de vous retrouver sur copainsdavant.com, vivez intensément le meilleur de vos années collège !

L’air de rien…
Ce guide est bourré de petits conseils qui vous seront encore bien utiles une fois entré en 6e. N’hésitez pas à vous replonger dans ses pages. Alors, à très bientôt !

Quel collégien êtes-vous devenu ?

Ça y est ? Le collège n'a plus de secret pour vous ? Alors, faites maintenant le point sur ce collégien cool et génial qui sommeillait en vous...

Votre petit plaisir au collège :

- ★ Le moment où tout le monde vous regarde, les yeux pleins d'admiration et d'envie.
- ▲ L'instant où on vous rend un devoir avec une superbonne note. *Yes!*
- ◎ Lorsque le cours dérape et qu'il est question de tout, sauf de la leçon.
- ✚ Les potins de la récré et les fous rires qui vont avec...

Ce que vous appréciez le plus chez vos copains du collège :

- ▲ Qu'ils viennent vous porter les devoirs lorsque vous êtes malade.
- ✚ Leur loyauté. Surtout, qu'ils ne racontent pas des trucs dans votre dos.
- ◎ Qu'ils ne parlent pas que du collège.
- ★ Lorsqu'ils se lâchent pour de gros délires.

À votre avis, votre principal défaut de collégien :

- ✚ Bavard, et patati et patata...
- ★ Faire croire que vous avez tout compris alors que pas forcément.
- ▲ Une tendance à démarrer trop vite, sans réfléchir.
- ◎ Plutôt tête en l'air.

Quel serait votre plus grand malheur ?

- ▲ Perdre votre carte de cantine ou votre clé de casier.
- ◎ Avoir cours le mercredi après-midi.
- ★ Être ridicule devant tout le monde. Trop la honte !
- ✚ Vous friter avec votre meilleure copine ou votre meilleur pote.

Ce que vous aimeriez :

- N'avoir que des cours ayant un rapport direct avec vos passions.
- Être sélectionné lors d'une audition pour pouvoir frimer au collège.
- Partir en vacances avec tous vos copains du collège.
- Être un petit génie des maths.

Ce que vous détestez par-dessus tout :

- Que le prof vous dise qu'on vous a trop entendu pendant le cours.
- Avoir une mauvaise note, évidemment !
- Qu'on vous annonce que la prof absente sera finalement là.
- Quand les profs mettent tous les contrôles le même jour.

Si vous aviez un héros au collège :

- Celui qui travaille peu, mais qui a des notes d'enfer.
- Cet élève de 3e qui vient à scooter.
- Il n'y a pas de héros dans la vie de tous les jours…
- Mais, le héros, c'est vous !

Votre état d'esprit actuel :

- « Au collège, je plais beaucoup ; mais qu'est-ce que j'y peux ? »
- « Au collège, je m'éclate ! »
- « Mouais, vivement les vacances… »
- « Ah ça, trop stylées, mes nouvelles baskets ! »

Les fautes qui doivent inspirer le plus d'indulgence :

- Les bavardages en cours.
- Quand on dépasse un peu les bornes, juste pour être drôle.
- Les fautes d'orthographe et de calcul mental.
- Les retards le matin à 8 heures.

La qualité que vous préférez chez un prof :

- Le côté passionné qui fait qu'il s'emballe régulièrement.
- L'humour !
- La gentillesse et la justesse de ses appréciations.
- La rigueur dans les explications.

Un don surnaturel que vous voudriez avoir en tant qu'élève :

- Deviner à l'avance ce qui va tomber au contrôle.
- Pouvoir vous rendre invisible pour être à l'affût de tout ce qui se dit.
- Savoir votre leçon rien qu'en regardant de loin votre cahier.
- Avoir un regard magnétique pour envoûter les autres…

Faites vos comptes, et voyez ce que vous dit le symbole qui l'emporte :

Vous êtes un élève qui brille…

… par son intelligence ? Sans doute, mais surtout par sa popularité. On ne peut pas dire que vous passiez inaperçu. Difficile de vous le reprocher, car c'est toujours votre naturel explosif qui prend le dessus. De l'humour, des idées, du style, voilà votre cocktail gagnant. Tant mieux d'ailleurs, car, finalement, quoi de plus triste que de passer inaperçu ?!

Prudence : ne vous laissez pas griser par le succès et les regards admiratifs des autres. Au collège, les règles sont les règles, et gare à celui qui les enfreint…

L'élève qui nage au collège comme un poisson dans l'eau.

Vous prenez la vie comme elle vient, et pas la peine de se compliquer les choses. Bosser sérieusement, se laisser aller à un fou rire, être cool pour préserver son énergie, vous gérez tout ça mieux que personne. Le bon mode d'emploi du collège, c'est vous qui l'avez ! Par ailleurs, vous savez privilégier vos relations avec les autres, et ils vous le rendent bien. Cette bande de copains qui ne vous quitte pas ? C'est votre force. Vous regretterez vos années cool au collège !

Prudence : il faudra bientôt tout donner à vos études. Multipliez votre énergie au travail, et vous serez vous-même surpris par le potentiel qui se cache en vous !

Cet élève qui en vaut deux, c'est vous !

Le collège compte sur vous et il a bien raison. Vous avez toujours la pêche, et votre motivation fait plaisir à voir. Sans compter que ça stimule les autres. Intéressé par tout, vous participez beaucoup et êtes toujours positif : ça plaît à vos profs. Alors ? C'est vous, l'élève « zéro défaut » ?

Prudence : votre image d'élève parfait a tendance à en énerver certains, qui aimeraient vous voir récolter une mauvaise note rien que pour vous voir faire la tronche. Pour modérer leur jalousie, une touche d'humour de votre part, y compris sur vous-même, détendra l'atmosphère.

Au-delà du collégien que vous êtes…

Vous êtes le premier à le dire, il n'y a pas que le collège dans la vie ! Alors, même si vous savez tirer le meilleur parti de l'école, votre tempérament de passionné vous ouvre déjà les portes de bien d'autres domaines. Ça fait de vous quelqu'un de riche, d'étonnant, de cultivé à votre façon. On est souvent surpris par vos remarques inédites. L'air de rien, au-delà du train-train quotidien, vous volez déjà vers vos propres aspirations. Alors… bon vent !

Prudence : contrepoids à ce besoin d'autre chose, parfois vous vous ennuyez en classe et votre attention autant que votre attitude se dégradent. Vaille que vaille, ne lâchez rien : vous avez encore beaucoup à apprendre ; et puis, c'est bientôt les vacances !

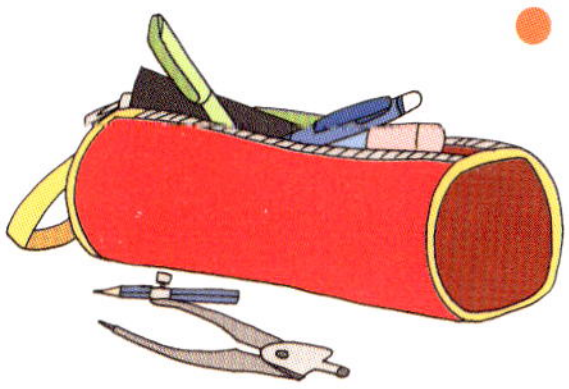

• Trouver une rubrique par mots-clés •

A B C

Aaaah, les parents... .... 28-29, 84, 147-149
À chacun son style 68
Agenda 36-37
Amoureux 106-108
Bavardages 64
Boutons sur la figure 33
Bulletin de notes 79-80
Bureau de la vie scolaire 92
Bus, métro, train... .... 18, 73
Cantine 97
Ça se fait (ou pas) 48, 83, 138-139
Casier 45
CDI 100
Chewing-gums 99
CIO 123
Club du midi 101
Copains et camarades de classe ... 27, 69
CPE 25, 92

D E F

Délégués de classe 51-53, 54-55
Devoirs à la maison 38-39, 114-119
Difficultés 82, 125
Doigts de pied en éventail 72
Élèves de 3e 32, 128-132
Emploi du temps 42-43
Entre midi et deux 100-101
Équipe de choc 92-93
Extrascolaire 124
Fausses bonnes excuses 66-67
Fumer 109-110
Futur 56

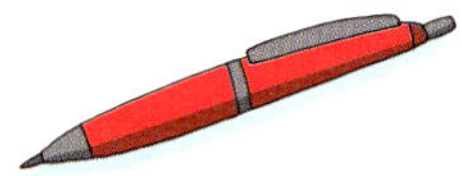

G H I L

Geeks, jeux vidéo et réseaux sociaux 85, 111, 120
Heures de colle 96
Ils vous disent *vous* 47
Internet 111, 120
Interrogé au tableau 75-77
Liberté (surveillée) 34-35
Looks de collégien 8-13

M N O

Mallette 49
Marques 58
Mettre la gomme 65
Mode et tendances 8-13
Notes 56, 78, 146
Orientation 122-123
Osez! 76-77

P R

Perdu dans les couloirs 24
Plan général 30-31
Poids du cartable 20-21, 45
Prêt pour la rentrée ? 14, 36-37
Premier de la classe (ou dernier...) ... 81
Premier jour au collège 26-27
Principal du collège 24

Profs 60-61, 82, 133-145
Punitions 96
Récré 88-90, 94
Règlement intérieur 95
Repos ? 44
Retards 92

S T U V

Sacs pour le collège 20-23, 45-46
Scooter 16
Se rendre au collège 15-19
Soif d'apprendre 50
Soin 62
Sorties et voyages scolaires 103-104
Stress et cauchemars 72-73
Surveillants 25, 91-93
Téléphone portable 57, 84
Test 156-158
Timide 76-77
TNI 56
Toilettes 98-99
Triche 74
Trottinette 16
UNSS 101
Vélo 15
Voiture avec chauffeur 17
Vrai ou faux 51-52

Remerciements

Au collège Pasteur de La Celle-Saint-Cloud et à l'ensemble de son équipe et de ses élèves, qui auront inévitablement inspiré ces pages.

Aux parents d'élèves de la liste « En avant Pasteur ! » et à leurs enfants.

Aux élèves de la classe de Bernard Rosset, année 2004-2005, pour leur mémento des raisons invoquées pour un travail non fait, repris en partie aux pages 66 et 67. À Bernard Rosset lui-même pour ses commentaires associés.

À Lili.

Irène Colas